「お姫様」のつくり方

さらば"庶民デレラ"のわたし

LUNA(ルーナ) 著

「お姫様」のつくり方

♡はじめに……♡

この本は、わたしが行っている『お姫さま思考®』というメソッドを元に書かれています。
1章は主に、わたしLUNAの過去の経験を元に物語形式で、それ以降は、お姫さま思考®になるために必要な極意を書いてあります。

この本を手に取っていただいたということはあなたも、

"お姫さまのように扱われたい"
"夢を叶えたい！"
"幸せになりたい"

と思っているのではないでしょうか？

お城に住んだり馬車に乗ったり、毎日キラキラしたドレスを身にまとうことは難しいかもしれないけれど、思考を変えるということは誰でも簡単にできちゃいます。

お姫さま思考®とは……

夢を叶えたい！
幸せになりたい！

だけど、今までどんなに頑張っても、手に入れることができなかった……。そんなあなたのために作られた思考変換の魔法です。

思考を変える……。

それってなんだか、難しそうな感じがするかもしれないですよね。

実はわたし LUNA も、最初は不運の塊の一庶民でした。
だけど、思考を変えてから人生がみるみる変わっていき、今では愛する夫や家族、大好きなクライアントさまや友だち、そして、好きなお仕事と共に、毎日を enjoy することができています♪

ですから、わたしが手に入れたように、あなたもこの本で、

お姫さまライフを
手にしていただきたいのです。

あなたにこの魔法をかけるのは、誰でもなくこの本を読んでいるあなた自身なのです。

これから、わたしと一緒に姫への扉を開けてみましょう。
あなたの至福の人生をワクワクと願いながら……♡

1章
全ては『今度はお姫さまのように扱われたい！』から始まった♡

01 庶民デレラからの脱出 ── 10
02 不幸じゃないとシンデレラになれない？ ── 14
03 欲しいものは1つにしなさい!? ── 19
04 いい人でいたい症候群 ── 23
05 もう来ないでください！ 占い師に見捨てられ… ── 27
06 つまらないから もう、仕事やめます！ ── 32
07 全てを脱ぎ捨てたとき、奇跡は起きる！ ── 36

2章
毒リンゴからの脱却！

01 頑張れば報われると思っていたけれど…… ── 43
02 大切な人の幸せのために全力を注いだ結果…… ── 49
03 継続は力って本当？ ── 54
04 "ありがとう"って、何回言ったら人生変わる？ ── 58
05 目標達成は、大切な人といっしょに ── 62
06 "愛してる"は呪いの言葉 ── 66
07 ガチガチに頭でっかち ── 70
08 手ごわい、ネバネバ星人を攻略！ ── 73

3章
魔法使いからのクエスト♪
今日からこの魔法を使いこなして
願いを叶えなさい！

01 願いを叶えるのに大切なひとりごと ─── 79
02 嫌いな気持ちも大切にするべし！ ─── 83
03 脳内執事にとことん尽くされてみよ！ ─── 87
04 ネガティブは最高の味方に変えられる！ ─── 91
05 今は関係ない！ オーダーは最高のものを用意するべし！ 95
06 願いを叶えるには、ノウハウを捨てよ！ ─── 98
07 自信がないことに自信を持つべし！ ─── 102
08 まずはやりたくないことを1つやめてみよ！ ─── 106

4章
人生バラ色♡ 至福の姫色生活

01 幸せよりも贅沢な『至福』を求める ─── 115
02 いつだってお花畑の脳みそを持つ ─── 119
03 誰のための人生を生きたい？ ─── 122
04 あなたを邪魔する『嫌なあの人』の正体 ─── 126
05 小さな玉手箱と大きな玉手箱 選ぶのはどっち？ ─── 130
06 人生は全てネタ！ ─── 134
07 誰にも真似できない自分ワールドを作ろう ─── 138
08 予期せぬ不幸も至福に変える魔法 ─── 143

5章
愛されたければ
お姫さま思考®におなりなさい！

01 愛されることが当たり前な思考を持つ ───── 149
02 ワガママ気ままでも愛される ───── 152
03 まずは彼より自分自身に惚れる ───── 156
04 『オンナノコ』の気持ちを大切にする ───── 160
05 『わたしといられて幸せでしょ♪』の姫極意 ───── 164
06 恋愛 負の3要素に打ち勝つ！ ───── 167
07 彼に振り回されるより振り回す♪ ───── 171
08 シンデレラが王子さまと結ばれたホントの理由 ───── 174

6章
さようなら、庶民デレラ

01 今までの人生はあなたが選んだ結果 ───── 181
02 5次元ワールド♪ こっちの水はあ〜まいよ♡ ───── 184
03 もうこんな歳だから……の洗脳から、脱出する ───── 188
04 さあ、ガラスの靴を履く準備はOK？ ───── 192
05 『わたしだけの魔法の言葉』を持つ ───── 195
06 ありえないことほど叶う真実 ───── 199
07 あなたの幸せはすぐそこ♡ ───── 204

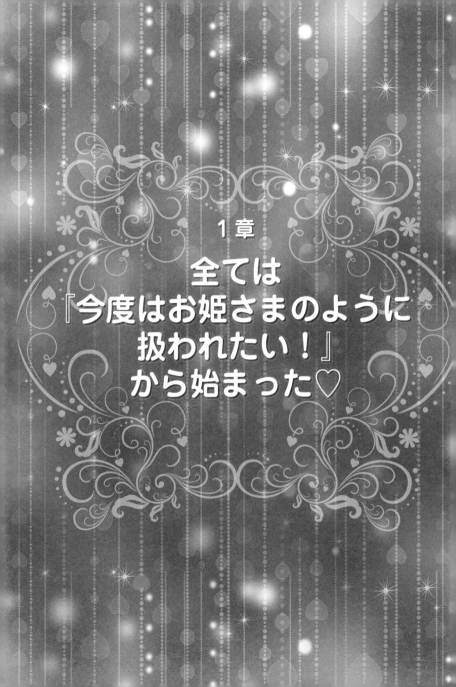

1章
全ては
『今度はお姫さまのように
扱われたい！』
から始まった♡

01　庶民デレラからの脱出

わたしは LUNA（ルーナ）。
小さい頃からお姫さまに憧れ、大きくなったら自分もそんな生活をしたいと思っていた。

そしてそのはずだった。

でも、なぜかわたしの周りには、いつも不運が付きまとう。
DV、占い依存、詐欺被害、うつ病やパニック障害など数々の精神疾患。

まだまだたくさんあるけれど、お腹いっぱい不運のフルコースを味わったので、もういい加減、こんな人生とはさようならしたい。
なのにわたしには一向に幸せが訪れない。

どうしてなの？

お姫さまになりたい。

わたしは小さい頃から、お姫さまになりたかったの。
可愛くて素敵なお洋服を着て、そばにはいつも優しい執事がいて、あれが欲しいと言えばすぐに手に入る。あれが食べたいと言えば用意してもらえる。
そして、わたしだけを愛してくれる王子さまと幸せに暮らす。

そんな世界に憧れていた。

だけど現実はうまくいかなかった。

だってわたしの反対側にはいつも、全てを持っていた子がいたから。
キラキラした髪飾り、甘い香りのするペンに可愛いぬいぐるみ。
そして、なんでも話せるお友だちに、チヤホヤしてくれるボーイフレンド。
わたしの持っていないもの全てを持っているあの子は、わたしの目にはお姫さまとして映っていた。

それは大人になった今でも同じ。
わたしの近くには、いつも幸せそうな人が必ずいる。
そして気づけばわたしは、いつだってそんなお姫さまを引き立たせる役を演じていた。

世間はわたしに冷たい。

人はみな平等？
そんなこと絶対ありえない！

平等だったらどうして、あの子とわたしはこんなにも違うの？
どうして神さまは、わたしの願いを聞いてくれないの？

わたしだって、大切にされたい。

わたしだって、お姫さまのように何でも手に入れたい。

わたしだって愛されたーーーい！

あー、魔法が使えればいいのに。それも一生解けない魔法が！
そうしたらわたしも幸せになれる。今度こそ、お姫さまになれる！

そして、庶民デレラから卒業できる！

もし今、目の前に魔法使いが現れたら、こうお願いするの。

『わたしをお姫さまにしてください。
わたしに一生解けない魔法をかけてください』って。

だけど、庶民デレラはずっと庶民のまま。
シンデレラになんて天と地が逆さになってもなれない。

そう思いながらも、それから何十年も生きてきた。
それでいつの日か、お姫さまになりたいなんて、そんなことを願ったことすら忘れていた。

だけど、忘れたころにそれはやってくる。

そう忘れたころに……。

わたしはガチガチの庶民デレラから、超幸せなお姫さまになってしまったのだ♪

♡お姫さまになるための極意♡
最初は誰もが庶民デレラ

02 不幸じゃないと
シンデレラになれない?

シンデレラは、継母やお姉さんたちにいじめられる日々を送っていました。

けれど魔法使いのおばあさんのおかげで、お城の舞踏会に行くことができ、そこで王子さまと出会えて幸せになりました♡

誰もが知っているシンデレラのお話。

苦労したけれど、不幸だったけれど、貧乏だったけれど最後は幸せになれた。

本やテレビに出てくるお姫さまはたいてい、最初はみんな不幸の渦中にいる。それを見て影響を受けたわたしも、幸せになるために不幸は必要だと思っていた。

シンデレラみたいにいじめられたりコキ使われたり、貧乏だったりしないと幸せになれない。

不幸じゃなきゃいけない。

かなり長い間、そう思っていた。

《ここで思考のお話♪》

脳みそって、とってもよくできているから、わたしたちが思ったことを瞬時にインプットするのが大得意!

例えばあなたが、『ハワイに行きたいな〜♪』と思う。そうするとなぜかハワイの情報が雑誌や新聞やテレビなどで目に入るようになるのです。それって脳みそがハワイを探しているから。

だけど、あなたが『やっぱりお金ないからハワイはやめておこう』って、それを諦めた途端、脳みそもハワイを探すのをやめる。
それが脳みその役割なのです。

『不幸であると幸せになる可能性が高い』と勘違いした、わたし（正式に言うとわたしの脳みそ）は、次から次へと不幸を探した。

実際、探しに歩いたわけではなく、脳みそが……ですが＾＾。

だから、付き合っていた人からDVにあったり、風俗に売られたり、借金を背負わされたり、職場ではいじめにあい、先ほど書いたようなボロボロのズタズタな人生を送っていた。

わたしが、『不幸でなければ幸せになれない』という勘違いをやめない限り、脳みそはどんどん不幸を連れてくる。

そして、不幸からなかなか抜け出せないわたしはどうなったかというと、その後もうつ病やパニック障害、不眠症などの精神疾患になったり、散々な人生を送ることに。

でもある時、ふと思ったの。
『シンデレラは、本当に不幸だったの？』って。

不幸でないとシンデレラになれない。

そう思いながら、わたしは好んで不幸のヒロインをやっていたから気づかなかったのだけど、シンデレラ自身は継母やお姉さんたちにいじめられることは、本当に不幸だと思っていたのかしら？

もしかしたら、彼女にとっては、たいしたことではなかったのではないのかしら？

だって、シンデレラの頭の中は舞踏会や王子さまでいっぱいだったはず。

コキ使われようが、いじめられようが、それは幸せになるためのただの通り道。もしかしたら彼女のなかでは想定内、そう、シナリオ通りだったのかもしれない。

考えたら、自分をいじめる継母やお姉さんたちに、『わたしも舞踏会に行きたいです！』って、ハッキリと言えちゃうシンデレラは、なかなかのツワモノ。

脳みそはお花畑なんじゃないの？　って。

不幸でないとシンデレラになれない。
そして、不幸度が高いとシンデレラになれる。

わたしはそう思い込んでいたのだけど、シンデレラは全てにおいて不幸だと感じていなかったのではないかしら？

だから幸せになれたのではないのかしら？

不幸は不幸を連れてくる。

幸せが連鎖するように、不幸も連鎖するもの。

今あなたが不幸だらけだとしたら、過去のわたしのように変な勘違いをして不幸を選んでいるのかもしれない？

あなたがもし、過去のわたしのように『幸せのための不幸』を選んでいるとしたら、早くあなた自身に教えてあげて欲しいの。

幸せになるための不幸なんていらない！

そして不幸は不幸しか連れてこないということを……。

♡お姫さまになるための極意♡
幸せになるための不幸はいらない

03 欲しいものは
　　１つにしなさい⁉

子どもの頃は、欲しいものはたくさんあったはず。
だけど、『欲しいものは１つにしなさい！』と、ご両親や大人に言われたことはなかったかしら？

わたしの母は、『欲かけば恥かく』というのが口癖で、"欲張るとろくなことがない"っていつも言っていた。

どうして１つしか望んではいけないの？

だって、こっちもあっちも同じくらい欲しいのに……。

子ども心に、そう疑問を抱きながら育ったわたしは、大人になってから『ほかのことはいいから、恋愛だけなんとかしてください』『お金はいらないから彼と付き合いたいです』と、1つだけを願う人になっていた。

もれなくその願いは叶えられ、恋愛はうまくいくけど他はまるっきりダメだったり、好きな人と付き合えたけど、お金がなく時給の高い夜の仕事をして生活をしていたこともあった。

欲しいものは1つだけ。

母にそう叩き込まれたわたしは、全てを持っている人を見ると、『きっとあの人はわたしとは違って特別な人なんだわ』と自分に言い聞かせるようにしていた。

特別な人だけが全てを
手に入れることができる。

そしてわたしは特別ではないからそれは無理なんだ。
そう勝手に決めつけていた。

だから、子どもの頃、サンタさんにプレゼントをお願いする時だって、大きくなったら何になりたいか聞かれた時だって、答えは1つだけしかなかった。

『好きなものは1つだけ』

『なりたいものは1つだけ』

それを後に、
『欲しいものはいくつでも望んでいいんだよ』
『なりたいもの全てになれるよ』。

そう教えてもらう時が来るまで、1つしか望んではいけないということをわたしは守り通した。

だけど、今ではそんなことはないと言い切れる。

だって、それを体験して今があるのだから。

<u>1つのためにもう1つ（2つや3つかもしれない）を諦める人生なんて、ありえないの。</u>

あなたがもし、何かを得るために、ほかの何かを諦めようとしているのなら、ぜひ両方を手にできるということを知って欲しいの。

欲しいものを諦める必要なんてなくて、

💬 **あなたが心から望むことで
それは手に入る。**

欲しいものはいくつでも手に入るし、手にしていいのだから。

♡お姫さまになるための極意♡
欲しいものはいくつだって
手に入れていい。

04 いい人でいたい症候群

『LUNAちゃん、優しいよね』
『LUNAさん、ホントにいい人だよね』

小さい頃から人と話すことが苦手だったわたしは、当然のことながら友だちも少なく、大きくなってからも、人とどう付き合っていいのかわからなかった。

そのせいか、友だちや同僚に必要とされたい気持ちが強すぎたらしく、友だちや上司に頼まれたことはたいてい断らなかったし、友だちの悩みを夜中まで聞いては、一生懸命答えを探すという、

いわゆる "いい人" を やっていた時期があった。

『この人はこんなにもわたしを頼ってくれる。
だからわたしのことを必要としてくれているんだわ』

周りの人から、"いい人"として重宝がられていることは薄々わかってはいた。でも、それを認めるわけにはいかなかった。

だって、わたしが "いい人" をやめればこの関係は終わってしまう。
わたしは必要でなくなる。そう思っていたから。

そう、嫌われたくない……。

せっかく友だちになれたのに、せっかく知り合えたのに。
それを終わらせないために、自分の感情も自分の想いも全て封印して、わたしは "いい人" であり続ける毎日を送った。

自分の感情を殺し、人に気を使い、何があろうがいつも笑顔でいる。それをやり続けることで、周りから "いい人" と呼ばれ必要とされるのなら、どんなことでも頑張れた。

だけどある時、職場で一番仲がいいと思っていた人に裏切られてしまった。

『わたしはあんなに、あの人のことをわかろうとしていたのに。あの人のためにいろいろやってきたのに。どうして？』

だけど、わたしはこの自分の脳みその声で初めて気づけたの。

"いい人"なんて、やめた方がいいということを。

《ここで思考のお話♪》

わたしは嫌われたくなくていい人をやっていたのだけど、Aさんにはそもそも、自分の想いを表に出す＝嫌われるという思考自体がなかった。
ないのだから、それも起きないということ。
思考ってそういうものなの。

『我慢して自分を殺して"いい人"を演じても、嫌われるときは嫌われる』ということに気づいたわたしは、だったら我慢しないほうがいい、言いたいことは言った方がいい、と思いなおし、"いい人"をやめることにした。

だけどわたしのように、『いい人症候群』から抜け出せない人は、この世にきっと多いはず。

わたしたち日本人って、嫌われたくない人が多いと思うの。

きっと『ニセいい人（嫌われたくなくてなんでも人に合わせる人）』はたくさんいるはず。

もし、あなたが"いい人"をやめられないのなら、"いい人"でいることが本当にあなたのためになるのか、もう一度考えてみて。

そこまで我慢して、"いい人"を演じてあなたは誰に必要とされたいの？

そして、もしもその人にあなたの想いをしっかりと伝えたとしたら、その人はあなたを嫌ったりする？
"いい人"でいたい症候群、もうやめてもいいんじゃないの？

♡お姫さまになるための極意♡

いい人でも、嫌われるときは嫌われる

05 もう来ないでください！
占い師に見捨てられ…

人は迷った時に、誰かの声を聞きたくなるもの。
それってどんなに強い人でも、どんなに偉い人でも、どんなに有名な人でもそうだと思う。

誰かに、『大丈夫！』って言って欲しい。

誰かに、『あなたは幸せになれるよ』って言って欲しい。

そう、未来を保証して欲しい時って、誰でもあると思うの。

恋愛も仕事も、全部がうまくいかなくて、もうどうしていいのかわからなかった時に、わたしがハマったのが占いだった。

占いと言っても、直接どこかへ出向くわけではなくて、電話をかけて占い師さんに相談できるという、なんとも便利な会社が当時は流行っていた。

なんとかして今を変えたい！
幸せになりたい！

そう意を決して電話をしたのが悪夢の始まりだった。
電話向こうの透き通った声に癒されながら悩みを聞いてもらう。

『あなたは悪くないのよ。大丈夫だから！
わたしの言う通りにすれば、絶対にうまくいくから！』

そう背中を押してもらう。
そうすると、なんだか幸せになれるような気になるから不思議。

女子は占いが大好き。
テレビの情報番組の占いコーナーの、『今日のラッキーさんは？』くらいならキャーキャー言いながら楽しめるけれど、事が深刻になると、そうは言っていられなくなる。

『彼はわたしをどう思っていますか？』

『彼と結婚できますか？』

『わたしは幸せになれますか？』

そんな悩みを、最初は1か月に1回。それが1週間に1回になり、さらに3日に1回へと変わり、1日に2回電話した時は、明日のデートの服さえも自分で決められなくなるほど、わたしは占い師に依存しきっていた。

そして電話の向こうの占い師の声が、なんだか面倒くさそうで、冷たく感じられるようになった時、わたしはとうとう占い師に、こう告げられた。

『あなた、もう来ないでちょうだい！』

わたしが彼女に理由を聞く間もなく、電話は一方的にガチャリと切れた。唯一の味方だと思っていた人に見捨てられ、何がなんだかわからないまま、その時、わたしの心は途方に暮れた。

占いにつぎ込んだお金、うん千万円！

そんなものは惜しくもなかったし、今さら返して欲しいとも思わ

ないけれど、自分のことを理解してくれる人がいなくなってしまったことの方が悲しくて淋しく感じた。

わたしはこれから どう生きていけばいいの？

明日から誰に相談すればいいの？

きっと面倒くさいオンナだったのは間違いない。今になってみると、わたしがこれ以上彼女に依存するのを、自分が悪者になって食い止めてくれたと思えるのだけど、当時はショックで仕方なかった。

占いってもちろん信じてもいいと思う。
だけど、答えを求めるのはどうかと思うの。

自分の人生って自分で決められるの。

だってよく考えてみて。占いに行く時ってもう答えが決まっていることが多いのではないかしら？

ただ、『大丈夫』って言って欲しいだけ。
自分の決めた答えがそれで合っているのか確かめたいだけ。まだ経験していないことだし、不安だから人に聞きたいだけなの。

だけど、誰がなんて言っても自分の人生は自分で決めたこと。それが全てなのよ。

人生は誰かの言う通りじゃなくて、答えはあなたのなかにあるの。だってあなたの人生なんだもの♪

♡お姫さまになるための極意♡
人生の答えは自分で決められる

06 つまらないから
　　もう、仕事やめます！

仕事は楽しいもの。
お金は楽しくいただいていい。

昔はそんなこと考えたこともなかった。
仕事って生活のため、お金のためにするものだから、辛いのは仕方ない。それが当然だと思っていたの。

だって、どれだけ頑張ったのか反映されるのがお給料じゃない？

大変でも辛くても頑張ればお給料がもらえる。それが仕事。
当時はそう思っていた。

職場のゴタゴタに巻き込まれて、わたしは同僚からいじめられ、無視されるという、辛い毎日を送っていた。

仕事に行こうとすると体調が悪くなる。離婚したばかりで仕事をやめることができなかったわたしは、我慢して出勤していた。

さらに体調が悪化し、どうにかしなければいけないと思っても、なかなかやめられない。今やめたら生活が……お金が……そんな想いで毎日を過ごしていたの。

神さまって、その人がわかるまで何度も警告を送るの。

その時のわたしのように、嫌だな〜と思いながら仕事を続けてて、いじめられることになったり、具合が悪いな〜と思っていても無理してやっていると、入院せざるを得なくなったり……。

わたしはその時、まだその警告に全く気づいていなくて、違う職場に移れば、何もかもうまくいくのだと思っていたの。だから今までいた職場を退職して新しい職場に移った。そして立場も今までより上になり、周りとも仲良くやっていた。

『今度は大丈夫！』そう思っていた矢先、仲良くしていた人と行き違いがあり、わたしはまたそこでいじめられることになった。

『どうしてわたしばかり、こんな目にあわないといけないの？』

『わたしが何をしたというの？』

もう体だけでない、心までもがズタズタになっていたの。

このままでは、わたしは本当にダメになってしまう。
体も心も壊れてしまう。

そこで初めて、わたしは神さまの警告を受け入れることにしたの。

もう仕事自体がつまらなくなっていて、どうでもよくなっていたわたしはこう上司に伝えた。

『つまらないから仕事やめます！』

そのまま職場にも、その仕事自体にも戻ることはなかった。

仕事はお金を得るもの。お金は頑張った対価。
そう信じていたわたしにとって、それはとても大きなチャレンジだったの。

仕事って、楽しいもの。

お金って、頑張らなくても手にしていいもの。

そんな思考があるということを、あなたにも知って欲しいの。
辛いことを我慢しても決してその先に幸せはないの。

お金を得るためのお仕事よりも、誰かの役に立てて、しかも楽しさを得るためのお仕事の方が、あなたの人生だって輝ける。豊かさは、楽しみのなかから得られるものだと、ぜひ知っておいてね。

♡お姫さまになるための極意♡
仕事は楽しく！
お金も楽しく受け取れる

07 全てを脱ぎ捨てたとき、奇跡は起きる！

不幸な自分が許せなかったわたしは、どうしても幸せになりたくて、不幸な自分を変えたくて、暇さえあれば幸せになるための本や、心理学の本を読み漁っていたの。

幸せになるための方法があるとしたら……

魔法なんてないと思うけど、もしそんなものがあるとしたなら、それにすがりたい。今の不運を抜け出せるのならなんでもいい！それくらいどん底にいたの。

たくさんの本を読み、そこに書いてあることをいろいろ試してみたけど、何をやってもうまくいかなくて、幸せになるなんて、自分には無理な話だと諦めつつあった。

そしてある時、わたしの耳元でもう一人のわたし（LUNA）が確かに言ったの。

『もうわたしは、幸せになんてなれないのだから、足掻くのはやめよう。わたしはどうせ庶民のまま。

だったら好きに生きていきたい。

わたしの人生、これ以上悪くはならないわ。今までいろいろなことがあったし、たくさんのことを経験した。

だから、もう怖いものは何もない。今までのわたしを全部脱ぎ捨てて、わたしはわたしで生きていこう』

『わたしはわたしでいいじゃない！』

そう、そう決めてから数日後……わたしはある男性に出会った。

出会った時の彼は不幸の渦中にいて、わたしが経験してきた人生よりももっと不幸だったの。

そして、わたしは数か月かけてその彼を、不幸のなかから救うことに成功し、気づけばその人に愛されるようになっていたの。

お姫さまになりたい……

そう願っても叶わなかったあの頃の願いを、わたしはいつの間にか叶えていたの。

それは自分でも気付かない間にお姫さま思考®になっていたから――。今まで試したノウハウやテクニック、幸せになるために購入したグッズなどを全て捨てた。

わたしを大切にしようと決めた。
それから奇跡が起きたの。

『今度はお姫さまとして扱われたい』

わたしの長い不幸な人生は、お姫さま扱いされる人生に変わった。

そして今、幸せなことに、こうしてあなたやたくさんの方にお姫さま思考®をお伝えすることができている。

わたしがお姫さまな人生を送れるようになった思考を、ぜひあなたも身につけて欲しいの。

そしてあなたも、あなたにとっての至福の人生を手に入れていただけたら嬉しいわ。

次の章からは、今のわたしLUNAが、あなたの思考をお姫さまな思考へとナビゲートしていきます。

ぜひ楽しんでお読みくださいね♪

あなたも絶対になれる！お姫さまに♡

♡お姫さまになるための極意♡
誰もがみんなお姫さまになれる

1章のまとめ

今がどんな人生でも happy に変われる。
- 最初はみんな庶民デレラ♪
- 幸せになるのに苦労はいらない
- 欲しいものはいくつでも手にしていい
- "いい人"でも"いい人"でなくても嫌われるときは嫌われる
- 自分の人生は自分で決めること
- 仕事は楽しく♡　お金も楽しく♡
- 誰でもみんなお姫さまになれる

〜お姫さまのような人生を手に入れることは決して特別なことではなく、思考を変えれば、今『無理かも……』と思っている願望だってすんなりと叶えられる♪〜

この章は、さまざまな呪いから
あなたを解いていく章です。
あなたが日ごろ
常識として捉えていること。
それはもしかしたら
遠い昔に魔女から渡された
毒りんごの呪いかもしれません♪
呪い（常識）から解放されたその時、
あなたは最高に至福の人生を
手に入れることでしょう。

01 頑張れば報われると
思っていたけれど……

頑張らないもん…

頑張れば報われる、
頑張ればいいことがある。

わたしは辛い時いつも、そう思いながら乗り越えてきた。

だけどなぜか、頑張っても頑張っても報われない。そればかりか、必死で頑張っているにも関わらず、頑張っていない（ように見える）人の方が幸せを手にしていた。

そしてそれがずっと悔しくて、さらに必死で頑張った。

今になって思えば、お仕事も恋愛も人間関係も、『頑張ることが幸せに繋がる』ことを証明したかったのだと思うの。

もしかしたらあなたも、過去のわたしのように、"頑張れば報われる"なんて思っているんじゃないかしら？

だけど実は人生って、頑張らないほうが報われるのよ。

『え〜！　じゃあ今まで頑張ってきたわたしは無駄だったの？』

そう思ってしまうかもしれないわね。
でもね、そんなにガッカリしなくても大丈夫！

だって、これからのあなたの人生、頑張らなければもっとうまくいくんだもの♪

人って何か叶えたいことがあると、それを叶えようとして頑張るのよね。例えばあなたに、『結婚したい』という願望があるとして、だけど現実は、彼氏すらいないという状況。そこで考えたあなたは、週1回の婚活を週5回に増やしてみる。

でね、その時のあなたの脳みそって、
"頑張って婚活パーティー行かないと相手が見つからない。
早くしないといい人を取られてしまうわ！　急がなくちゃ！"

こんな感じになっているんじゃないかしら？

これって何かというと、『焦り』なのよ。
人って焦りや不安から、普段の自分ではしない行動を取るの。

こうすれば結婚できる。
こうすればお金が入る。
こうすれば痩せられる。という具合に♪

それをやりたいという気持ちよりも、『目の前のこの現実を変えたい！』ということに必死になってしまう。

先のことが見えなくなってしまうの。

さっきの婚活の話に戻るけれど、きっとあなたは、結婚して、素敵なご主人とラブラブで、幸せな家庭を築いて、それからそれから……と、そんな至福を描いていたはずなの。

でもなかなか出会いもないし、結婚もできない。

焦った挙句"今がこんな状態だからいけないのよ！"そう勘違いをして変な行動（週5回の婚活パーティー）を起こしてしまうの。

だけど、
それで本当にうまくいくと思う？

冷静になって考えてみるとわかると思うけど、必死感丸出しで目をギラギラさせて、婚活パーティーに行ったって、誰も寄ってはこないわ。だって、そこにあなたの楽しさは全くないんだもの。

もちろん週５回でも６回でも、あなたが楽しめればそれでいいの。

だけど、心から楽しめないことだとしたら？
現実を変えるための婚活だとしたら？

そんな目的で一生懸命やっていても
あなたは輝いて見えないし、
いいことは何もないの。

わたしも過去に、『どうして頑張っても頑張ってもうまくいかないの？』そう思った時にね、運が悪いとか、才能がないとか、そんなことのせいにしてきたの。

だけどその時の自分を観ると、楽しいとかやりたいという感情よりも、現実を変えたいという焦りの気持ちの方が強かったのよ。

そして、それからずっと経ってから、

『叶えたいことほど頑張らないと うまくいく！』ということを知ったの。

それを知った時は目からうろこと涙がボロボロと落ち、それと共に『今までの自分ってなんだったのかしら？』とも思ったのよ。

それからは頑張らなくなったの。

辛いことに対して、 我慢することもなくなった。

そうしたら不思議だけど、 なぜか人生が変わってきたの。

頑張っていた時は、大切に扱われることなんてなかったけど、頑張るのをやめたら、周りから大切に扱われるようになったの。

お仕事や恋愛だって、なぜかわからないけどその頃から楽しくなったの。

頑張らないだけなのにどうして？

と不思議に思うかしら？

それはね、頑張るエネルギーよりも頑張らないエネルギーの方が素直だからなの。

ピュアハートと言うんだけど、そのピュアハートでいることで本来の自分のままでいられるの。

だから頑張っている時よりも、心も体もガチガチに固まっていないし、もちろん脳みそだって柔らかいの♪　そんなリラックスした自分だから、想いのままに人生を謳歌できるのよ。

あなたもそろそろ、魔女から渡された頑張る毒リンゴ、吐き出してしまいましょう♪

面白いほどに人生って変わるから♪

それにだってほら、姫は頑張らないのよ♡

♡お姫さまになるための極意♡
頑張らないとすんなりうまくいく

02 大切な人の幸せのために全力を注いだ結果……

喜ばせるのは自分の方！

小さい頃は、親や大人たちに気に入られようと、なるべくいい子にしていたの。

いい子でいると、親が困らないし迷惑もかからない。
何より"素直ないい子"って言ってもらえる。
それが自分にとっても幸せなことだと思っていた。

そんなわたしも、年ごろになって好きな人ができたの。
それで、その人に喜んでもらいたくて思いきり尽くしたの。
○○が食べたいと言えば、それを手作りした。

お金がないと言えば、お金を出してあげた。

だって好きな人だもん！

その人に喜んで欲しいと思うのは 当然じゃない？

その時は、『その人の喜ぶ顔を見ることが幸せ♡』だと思っていたし、それで彼も幸せになってくれていると思っていたの。

その結果、彼に褒められたり、優しくしてもらえたかというと全く逆。重たいオンナだと思われたり、DVにあったり。

わたしのところに、恋愛のご相談でいらっしゃるクライアントさまのなかには、『彼の役に立ちたいんです』とか、『彼が喜んでくれればいいんです』なんて健気な方がいるの。

『大好きだからその人を喜ばせたい』
『大切だからその人の役に立ちたい』
それって、とても素敵なことだと思うの。でもね、

自分を犠牲にしてまで 彼の役に立とうとするのは どうなのかしら？

人って大切な人のためなら我慢すらできるし、自分を見失うことさえもできるの。そう、頑張ることができてしまうのよ。

だけど、彼に必要以上に尽くしすぎることが、あなたにとっても、彼にとっても本当の幸せなの?

自分のことよりも大切な人に全力を注いだ結果、最悪な結末を迎えたでしょ? それはなぜかというと、

自分の幸せを、
一番に考えていなかったからなの。

わたしたち日本人て謙虚だし、相手の立場になって考えることができる人種よね。とっても思いやりがある。だから自分以外の人に対してエネルギーを注ぐことに関してはとても得意♪

だけど、
自分のことにエネルギーを注ぐことが
苦手な人が多いのも事実なの。

でね、もしあなたが誰かに大切にされたいとか、愛されたいと思うのなら、まずは誰よりも自分のことを優先的に考えたほうがいいのよ。

自分を大切に♪って、具体的にどういうことかお話するとね。

お友だちや彼を扱うように自分を扱ってあげるの。

あなたのお部屋にお友だちが泊まりにくる時に、間違ってもよれよれのシーツや、ゴワゴワのバスタオルを貸したりしないでしょ。

だけど自分だけだと、どんなにバスタオルがゴワゴワでも、『まっ、いっか！　自分のだから』って、妥協しちゃうことってないかしら？

それでは自分を大切にしているとは言えないの。

自分の使うタオルでも、自分の食べるお料理でも、それはお気に入りのものを用意してあげた方がいいのよ。

あなたが自分をお気に入りで満たしたり、優しくしたり大切に扱うことで、なぜか人からも大切にされるようになるの。

"自分を愛せない人は人も愛せない"って言葉聞いたことあると思うけど、それって本当。自分で自分をお姫さま扱いしてあげられないと誰からも大切にされなくなってしまう。

だから、あなたも今まで大切な人に全力を注いだ分、これからはあなた自身に全力を注いで欲しいのよ。

周りの人に大切にされたいと願うのなら、まずはあなたが自分自身を大切に♪

あなたがお友だちや彼を大切にするように、自分自身を宝物のように扱ってあげてね。

自分で自分をお姫さま扱い♡
それが彼からも周りの人からも愛される近道よ♪

♡お姫さまになるための極意♡
自分自身をお姫さま扱い

03 継続は力って本当?

続けることは素晴らしく、
途中でやめることはいけない。

世間一般の常識ではそう言われているわよね。
1つのことを頑張ってやり遂げる。それはとても素敵なことだけど、それはその人が本当にやりたいことの場合に限るのよ。

例えば、あなたが何かの資格を取得したいと思って、大金を出してその資格講座を受けるとするでしょ。だけど続けていくなかで、なんとなく自分には合わないと感じ始めて、やめようかと悩む。

その時に自分の気持ちではなくて、

"お金がもったいない" とか、"今までこれにかけてきた時間が無駄になってしまう"

という、本心ではない部分が気になったりする。

ましてや、やめるなんて家族や周りに言うものなら、『お金をかけたのに……』『今までなんのため勉強したの？』なんて言われてしまう。

そうすると、本当はやめたいのに、やめることに対して罪悪感を感じ始めるのよ。今までのお金や時間が無駄になり、そして周りの声が気になる。

だけど、その時点であなたはもうそのお勉強に興味がないわけでしょ。それなのに、お金や時間。周囲の意見。そんなことを理由にして、それを続ける意味ってどこにあると思う？

では、継続は力になるのは嘘なのか？　というと、そうではなく

あなた自身がそれを楽しんでできる場合に限る。ということ。

あなたがそれをお勉強し始めた本来の目的は、ピュアハートから湧いたもの。つまりあなたの純粋な気持ちからだったはず。

だけど、それがいつの間にか、お勉強を続けることが目的に変わってしまったの。もっと別の言い方だと、ただ続けるということに拘っているだけ。

それを続けたとしても、逆にお金も時間もあなたのエネルギーも無駄になってしまう。

**あなたが違和感を感じた時に
やめてしまえば、
あなたはまた新しい何かを
見つけることができるの。**

その方が時間やお金を無駄にしなくて済むのではないかしら？

自分に合わないことや、あなた自身がそこに楽しみを感じないのならやめてしまった方が幸せになれる。

そう、やめる勇気も必要なの。

イヤだと思う気持ちでやり続けても、それは力になんてならないの。ただ苦痛がつきまとうだけ。

継続は力なり。

それはあなたが本当に好きで楽しめることだけに対して言えること。

続けることが目標になってしまうとあなたは何も得られない。
その常識、ポイッと捨ててしまいましょうネ♪

♡お姫さまになるための極意♡

継続が力になるのは、
好きなことだけ♡

04 "ありがとう"って、
何回言ったら人生変わる?

この本じゃ変われないっ!

人生を変えたい!
この運のなさをどうにかしたい!

そう思っていた時に、ある本に出会ったの。
そこには、『ありがとうとつぶやくと幸せになれる』、そう書いてあった。

切羽詰まっていたわたしは、さっそく試してみたの。
こんなことで幸せになれるならやってみようと思い、ありがとう

を1000回言ってみることにした。100回、500回とつぶやき、999回になった時に、『あと1回で人生が変わる！』そう思い最後の1回をつぶやいたの。そしてその日の夜、『明日起きたら、きっと私の身に何か素敵なことが起きるに違いない！』そう信じて眠りについたの。

だけど1日どころか3日経っても、1か月経っても、わたしの人生は変わる兆しもなかった。

そこで、『ありがとうが少ないんだ！』、そう思ったわたしは、その後もありがとうを言い続けたの。

だけど結局、何も変わらなかった。

確かに本には、ありがとうを言って人生が変わった人の体験談が載っていたの。

『じゃあそれは全部嘘なの？　どうしてわたしだけ変わらないの？　言い方が間違っているの？　言う時間？　場所？』

頭の中がグルグルして、訳がわからない状態になってとうとう、ありがとうを必要以上につぶやくことはしなくなった。

『もうこんな本はやめてやる！

こんなの嘘じゃないの!』

本には『ありがとうって言うと感謝の気持ちが自然と湧き上がる』そう書いてあったのに、わたしの場合、全く湧かなかったの。

どちらかというと、そんなことしている自分が情けなくて、こんなことに振り回されている自分が悲しくてたまらなかったの。そんな気持ちでありがとうなんて言っても、もちろん幸せになんてなれないわよね。

どこかの誰かはそれで幸せになれたとしても、それはわたしに合う方法ではなかった。

それを知った時に、わたしはなんだか腑に落ちた気がしたの。

誰かが言うからって、それを真似してやってみたところで、うまくいかないのは当たり前の話。心から感謝しなければ人生は変わらないわよね。

わたしがありがとうを言いながら、心の中に湧いていたのは感謝じゃなくて、違和感だった。ありがとうという言葉は大好きだけど、わたしにはそれが合わなかっただけ。

そしてそれに気づかなければ、きっと今でも『ありがとう』を言い続けていたのかもしれない。

大切なのは方法そのものではないの。

どんなにテクニックやノウハウを試したところで、それをやった人が全部幸せになれるとは言い切れないの。

あなたには、あなただけの 幸せを手に入れるための魔法が ちゃんと用意されている。

大切なのは感情なのよ♪

♡お姫さまになるための極意♡
あなたにはあなただけの 魔法がある♡

05 目標達成は、大切な人といっしょに

目標があると頑張れる！
何かにつけて人は目標を立てることが好き。

だけど目標というのは、そもそも自分だけの幸せを考えてのこと。
自分目線なの。

例えば、今月の会社の売り上げはいくらにする！とか、
〇か月で〇キロ痩せる！とか、
何歳までに結婚したい！とか。
そういうことを目標として掲げると思うの。

わたしのメソッドでは、まず最初にその方のオーダーを聞くの。

オーダーというのはいわゆる注文ということ。

お姫さま思考®で言うと、願望とか夢のことになるんだけど、そのオーダーをするときに、こうお伝えしているの。

『自分と、自分の大切な人の幸せ』も考えてね♪

お姫さま思考®のオーダーの叶え方が一般的な目標と違うのは、『自分だけの幸せを叶えるためのものではない』ということなの。

目標を立てることは決して悪いことではないのよ。
だけど自分の幸せのためだけのそれだと叶わないの。

わたしたちは姫ですから、やっぱり人生のなかに大好きな人を登場させたいじゃない？　その時に、一緒に幸せになりたい人をイメージして、その人の至福も考えてオーダーが叶うの。

わたしも happy ♪
あなたも happy という法則ね♡

それから、目標でよく登場する『数字』。
売り上げを上げる、痩せる、〇〇になる。

目標にはたくさんの数字が登場するけれど、ここもよく考えてほしいの。

そもそもそれを達成することが あなたの本当のゴールなのかしら？

数字のトリックに囚われてしまうと、数字そのものが目標になってしまって、売り上げを上げたらどうなりたいのか、痩せたらどうなりたいのかが観れなくなってしまうの。

そして数字に左右されてしまい、元々、自分が何をしたいのかも忘れてしまう。

あなたの欲しい未来は 数じゃなくてその先のはず。

それを手に入れてどうなりたい？
それを達成したらどういう自分でいられる？
そして、あなたがそれを叶えたら、あなたもあなたの大切な人も幸せになれる？

目標を決めることは決して悪いことだとは思わない。
だけどそれよりも、

**あなたやあなたの大切な人の
至福を祈ってオーダーする方が
最も早く叶えられる。**

♡お姫さまになるための極意♡

目標を掲げることよりも
オーダーすることでそれは叶えられる

06 "愛してる"は呪いの言葉

主人公はわたし。。

女子はいつだって、

彼や好きな人に愛してるって言って欲しいもの。

だけどそんな心を男性は知ってか知らずか、なかなか言ってはくれない。女性心理なんて男性には全くわからないものだから、仕方ないこと。

過去のわたしは、彼がいつか他の女性のところに行ってしまうの

ではないか、本当に愛してくれているのか、そう不安になったことが度々あって、彼の顔を見れば『愛している？』と聞き、その上、愛しているという言葉を強要していたの。

それで、彼の口から発せられる『愛しているよ』という言葉に安心していた。だけどわたしが聞いて安心していたこの言葉は、実は彼には呪いの言葉だったの。

愛している？　そう聞くたびに、彼はわたしから遠ざかっていった。

そして、ある日彼から、『その言葉に呪われているみたいだ！』と言われたの。

彼に愛されていると安心したい、自信を持ちたい。
わたしはそんな思いで彼に愛情の確認をしていたの。

だけど確認する相手は彼ではなく、自分自身だった。
わたしは自分自身が彼を好きでいることに、自信をもっていなかったの。

彼が愛してくれるからわたしも彼を好きになる。
彼が愛してくれなければ好きになっても仕方がない。

そう、全ては彼任せだったの。

彼がこう言ってくれれば、わたしは幸せでわたしは安心する。
彼が〇〇してくれれば、わたしはもっと幸せになれる。
彼に期待ばかりしていて、わたし自身の気持ちなんて考えもしなかった。

『宝くじが当たったらいいな〜』
『あの人がもっとわかってくれたらいいのに〜』

そう言っている人をたまに見るけれど、それは全部、自分から外に対して向けた言葉。

そしてそれを『期待』というの。

期待はずれという言葉があるけれど、期待しすぎてそれが叶わないと、その矛先も外に向けられる。自分のせいではなくて他人のせいになる。元々誰か任せだから、そこで何か起きても外（相手）に向けられてしまうの。

宝くじが当たらないのは〇〇だから。
あの人が変わればいいのに。（わたしは変わらないけど）

その逆で、『意図』という言葉。それを決める！　ということ。

意図は期待とは反対で、自分の内側にあるの。そしてね、実はオーダーとは、期待していると叶わなくて、意図すると叶うの。

自分で〇〇になると決める。
こうすると決める。

それだけで脳みそがそうなるように動き出すの。
これはわたしがずっと後で思ったのだけど、わたしもきっと彼に、愛してる？　って聞かないで、自分が彼を愛していることに自信を持てばよかったの。

わたしはあなたを愛している。そう揺るがない自信があれば『呪いの言葉』だなんて言われなかった。

そして一番は、わたしは愛される！
そう決めることが必要だったのよ。

わたしは何があっても愛しているし愛されると決めておく。それだけで恋愛は失敗しなくなるのだから。

♡お姫さまになるための極意♡
期待は外れるけど意図（糸）は外れない

07 ガチガチに頭でっかち

お姫さま思考®になる前のわたしは、知識だけを頭に入れていれば変われると思っていた時期があるの。

当時はとにかく変わりたかったから、いろいろな本を読んでた。

だからどんどん知識は増えていった。

それだけ知識を詰め込めば、何か変わったでしょう？　と思うかもしれないけれど、全く変われなかった。

知識に頼ってしまったのは、今の自分では愛されないし、大切にもされない、運も良くならない、と思ったから。

だけど、もしも知識のない自分でも愛してくれる人がいたら、大切にされたら、運も良くなれたら、それでも頑張って知識を詰め込んだかしら？　そう思い返してみると、絶対にないと言える。

その時に、頭に入れたほうがよかったのは、知識ではなくて、

『そのままの自分でどんな人と出会いたいか』
『どんな人にどう愛されたいか』
『どういう人生を送りたいか』

だったの。知識を詰め込んで頭でっかちになった自分は、正直言って自分でもあまり好きではなかった。

だけどその後、わたしはわたしでいいんだと認められるようになったわたしは、わたしのままで、本当のわたしを愛してくれる、大切にしてくれる、そんな人に出会うことを考えるようになっていた。

そして、そう考えられる脳みそになったわたしは、気づけば毎日が楽しく、周りからも大切にされるようになっていたの。

頭でっかちのわたしを卒業して、柔らかい脳みそになったわたしを自分でも好きになっていた。

あなたが、知識を詰め込むことで自分を変えようとしているなら、

『そんなことをしなくても大丈夫よ』

と伝えたいわ。

今のあなたのままで、あなたはどんな人と出会いたい？
そして、その出会いを思いきりオーダーしてみて。
あなたは、あなたのままで愛され、幸せになれるのだから。

♡お姫さまになるための極意♡

あなたはあなたのままでいることで愛される♡

08 手ごわい、ネバネバ星人を攻略！

あなたのまわりに、ネバネバ星人はいるかしら？

ネバネバ星人と言っても、納豆やネバネバした食べ物好きの人ではなくて、〇〇しなければいけない！　という考えの持ち主のこと。あっ、もしかしたら、あなた自身かもしれないわね。

『女の子はこんなことしてはいけない』
『母親はこうあるべきだ』

『女性はこうするべきだ』

こんな思考を植え付けられてきたわたしの脳みその中で、それは常識という形で育っていった。

人の常識というのは、育った環境や家族や、さまざまな要因で違うわけよね。それなのにいわゆる、みんなが言うところの『常識』をあまりにも気にしすぎるのが、ネバネバ星人なの。

過去のわたしもそんな風にいつも縛られていた。
その時はもちろん、それが正しいと思っていたし、常識で物事を考えるのは当たり前だと思っていた。

だけど、なんでもかんでも常識で考えると、1つの方向でしか物事を考えることができないの。そうすると人も物事も判断する時に柔軟な観方ができなくなる。

常識を覆すことこそが
幸せの近道なのに……

ネバネバ星人は、あなたの近くにいるかもしれない。
あなたのなかにも潜んでいて、トキドキ顔を出すかもしれない。

そんな時こそぜひ、あなたの本当の声を聞いてみて！
それは本当にわたしに必要な常識？　ということを。

常識は時に、
あなたの幸せを邪魔するものになる。

あなたの常識、それが他人から見て非常識と感じるものでも、あなたが信じるのなら、それは常識に変わる。

常識にとらわれることなく、

あなたはあなたのマイルールを作ればいいの。

それもとびきり素敵なルールをね！

♡お姫さまになるための極意♡
常識は幸せになろうとすると
時に邪魔になる♡

2章のまとめ

まずは毒リンゴ（洗脳）を吐き出す。
- 頑張らないとうまくいく
- 自分をお姫さま扱いすると愛される
- 嫌なことは我慢して続けても力にならない
- 人によって幸せになるための方法は違う
- 目標とオーダーは別物
- 期待は外側、意図は内側
- あなたはあなたのままでいい
- 幸せになるには常識は捨てるべし

〜人は常識で物ごとを判断しがちだけど、その常識を捨てることで願いは叶えられる。大人になるまでに、洗脳と言う名の毒リンゴをたくさん食べてきたのなら、それを少しずつでも吐き出すこと。常識を捨てることが人生を変えるための一歩〜

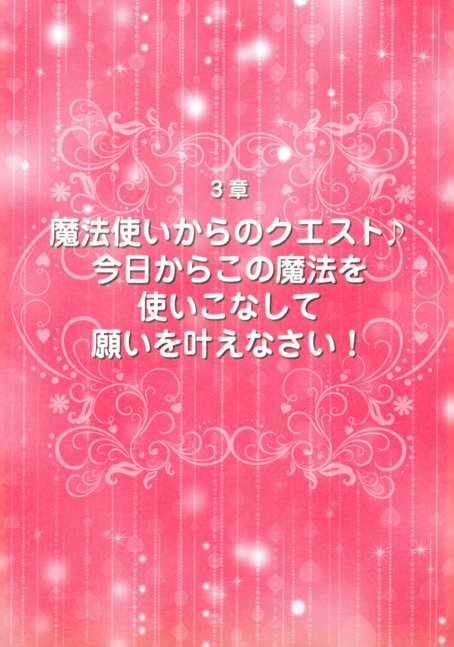

3章
魔法使いからのクエスト♪ 今日からこの魔法を使いこなして願いを叶えなさい！

この章では、ダメダメだった
わたしLUNAが、
魔法使いから過去に出されたクエストを
紹介させていただきますね。
過去のわたしは
このクエストを全て終わるころ、
周りからお姫さま扱いされるようになっていたし、
願いを叶えるのが早くなったの。
だからあなたもきっと、
このクエストを終わる頃には
何かが変わっているかもしれない。

だからと言って、決して躍起になったりせず
楽しみながら進めていってくださいね。
では、進めていきましょうネ☆

01 願いを叶えるのに大切なひとりごと

『君ならできる！』

わたしはある日、魔法使いからこう問われたの。

"あなたは知ってる？
人は１日に６億回思考をすることを"

魔法使いが言うにはね、その６億回の思考の中には、"今日のランチは何にしようかな？"という、たわいもないものから"わたしってどうして結婚できないのかしら？　あの人はいいわよね、幸せそうで……"なんていうネガティブなものまで含まれていると言うのよ。

でね、思考には自分自身が認識できている思考（顕在意識）と自分ではわからない隠れた思考（潜在意識）っていう二つの思考があって、実は思考の9割が、あなた自身がわからない隠れた思考でできているの。

そして重要なのは、この隠れた思考が人生を決めるということ。

例えばあなたが心の奥底で、『わたしは何をしてもダメだわ』なんて、ダメな自分を認めていると、もれなくあなたの人生はダメな人生になってしまうの。

だから思考は、とても大切。

『え〜！ だからって隠れた思考なんてどうやってわかるの？』
いいところに気づいてくれて本当にありがとう。それはね、

頭の中のひとりごとに目を向けること。

頭の中のひとりごとというのは、本来は『セルフトーク』って言うんだけど、あなた自身があなたをどう思っているのか、どう評価しているのか。そこが願いを叶えるカギになってくるの。

このセルフトークが高い人は、"わたしならできる！　できないわけがない！"と常に思っているから、願いも叶いやすいの。

だけどセルフトークが低い人は"わたしには無理……できない……"なんて口癖が多いし、心の中でもそう思っているから、いつまでたっても願いは叶わないというわけ。

頭の中のひとりごとを高いトークに変えてあげることで、人は願いを叶えやすい自分に変身していくの。

『だけど、この頭の中のひとりごとをいちいちチェックなんてできないじゃない。だって1日に6億回も思考しているんでしょ。』と思うわよね。

そこで大切なのは、感情なの。

今嬉しいのか、今悲しいのか、怒っているのか。

自分の頭の中のひとりごとが
良いものなのか、そうでないのかを、
その時の感情で判断できるの。

あなたが日ごろから、わたしにはできない、無理、あの人だからでしょ。なんて不満だらけだと、きっといつも、つまらなかったり、悲しかったり、誰かや何かに腹を立てているんじゃないかしら？

いい感情からしか、いいセルフトークは生まれないし、ご機嫌な

セルフトークが多いと当然のことながら毎日はご機嫌になるの。

あなたが今までの自分のセルフトークを振り返ってみて、もしもネガティブだったな〜と思うのであれば、

これからはぜひ、でも……だって……どうせ……なんて言葉をぐるぐると再生しないでいただきたいの。

そしてぜひ今日から、"わたしはできる！　わたしは愛される価値がある！"というセルフトークに変えていきましょう。
人生が変わるんだもの、やらない理由はないでしょ♪

♡お姫さまになるための極意♡

頭の中で日頃つぶやいている言葉で人生が変わる♡

02 嫌いな気持ちも大切にするべし！

好きなものを大切にしましょう♪
好きなものに囲まれましょう。

あらゆるところで言われていること。
確かに好きなものや、好きな人に囲まれていると最高に幸せよね。

だけど人って、誰だって、嫌いなものもあるはず。

『好き』を大切にするあまり、嫌いなものは見なくていいと思いがちだけど、お姫さま思考®では、嫌いな気持ちも大切。

だからと言って、嫌いなものに囲まれるとか、嫌いなことをするとか、そういうことではないので安心してね。

『好きを大切にするのと同じように嫌いな気持ちを見逃さない』ということ。

『これ、嫌いだなあ〜』って思っているのに我慢してそれに携わることをしないで、潔くやめてみることも必要なの。

あなたにもどうしても好きになれない人っていると思うんだけど、そういう人に我慢してまで会うことないのよ。自分の気持ちを抑えてまで、その人に会ってもなんの意味もない。

その人が上司でも、自分よりも立派な人でも、イヤな人の誘いには乗らないこと♪

それだけのこと。

だけど、わたしたちって理由をつけては嫌なことをしているのよ

ね。〇〇のため、と言いつつ嫌なことをしている。

でも、あなたがそれをやめたことで、あなたも周りの人も幸せになれるとしたらどう？　確実にやめるでしょ♪

嫌いな気持ちを大切にすることは、自分を大切にするということ。

嫌いな気持ちは好きな気持ちと同じくらい大切なものなの。

これ嫌いだな〜。
この人イヤかも。

そんな気持ちは決していけないことではなくて、好きをもっと大切にするためにあると思っていただきたいの。

嫌いってネガティブに思われがちだけど、あなたが願いを叶えるためには欠かせない。

あなたのお城に入れる人はあなたが好きな人に限るでしょ。
お気に入りだけに囲まれる生活をするために、今日からは、嫌いに目を背けないで、ぜひ嫌いな気持ちを大切にしてあげてね。

♡お姫さまになるための極意♡
嫌いは好きと同じくらい
大切な気持ち♡

03 脳内執事にとことん尽くされてみよ！

おにあいです

お姫さまになりたい、お姫さまのように扱われたい。
なんて思っていたけど、身近にお姫さまなんていないし、そんな扱いを受けたこともない。

お姫さま扱いってどんな感じ？

と、思っていた矢先に魔法使いから言われたのが、『では、まずはお姫さま扱いに慣れてみたらどうかしら？』ということだったの。

これは、わたしのメソッドでもやっていただいているワーク。
あなたにも紹介するのでぜひやってみてネ♪

それは、

あなたの脳みその中に執事を雇う。

ということ。

執事だから、あなたを全て肯定してくれるし、あなたがいつもご機嫌でいるために、全力でサポートしてくれる存在。どんなことを言ってもあなたの気分を損ねたり、ましてや落ち込ませたりはしないの。

いつもあなたの味方であなたのことが大好き。
あなたにとっては、誰よりも頼れて甘えられる存在。
思いきり執事に褒められて尽くされてみてネ♡

脳内執事ワーク

♡**1**
お姫さまの（あなたの）脳みその中に執事がいます。
執事はいつもあなたをご機嫌にしてくれます。あなたはどんな執事を雇いますか？
あなたが好きな執事を設定してみましょう。

例：大好きな芸能人やアニメの登場人物などでもOK♪
ここは誰にも知られないので、あなたの好きな人やシチュエーションを設定してみてね♡

♡**2**
執事は決してあなたを批判したり、けなしたり落ち込ませたりはしません。
いつもあなたを気分良くしてくれるのがお仕事。なので、まずはたくさん褒めてもらいましょう。あなたはどう言って欲しい？

例：可愛いですね♪　綺麗ですね♪　〇〇さまはとても素敵ですね♪　〇〇さまにはできないことはないですよ♪
など＾＾

どうかしら?

脳内執事は、いつもあなたを観ていてくれて、いつもご機嫌にしてくれる最高の味方なの。執事にはなんでもお話しできて、弱音も吐けるし、愚痴も言える。だけど執事はいつも、あなたを褒めて褒めて褒め倒してくれる。

褒められるのに慣れていないと、最初はなんだか変な感じかもしれないけれど、少しずつ心地よくなってくるから楽しんでやってみてね。

最初はちょっと恥ずかしい部分もあるかもしれないけれど、誰かにそれを発表するわけではないので、ぜひ楽しんでいただければ嬉しいわ。

あなたの脳みその中に執事がいることで、あなたのセルフトークは上がっていくの。そしてあなたは、どんどん素敵になって自分のことが大好きになっていくのよ♪

♡お姫さまになるための極意♡
まずは脳内執事で尽くされ練習♡

04 ネガティブは最高の味方に変えられる！

ネガティブなわたしも味方

世間では、ポジティブでないと願いは叶えられないと言われているわよね。

前向きになりましょう♪
ポジティブなことを考えましょう♪

と言われているでしょ。

なので、ネガティブさんは『ネガティブなわたしは、願いは叶えられないのね』なんて、諦める方もいるかもしれないと思うの。

でもね、願いを叶えようとして、無理矢理ポジティブになろうとしなくてもいいの。

ネガティブなあなたも
夢を叶えることができるということ。

わたし LUNA も、今ではこんなにおめでたいけれど、昔はかなりのネガティブ思考だったの。

自分に自信がないし、人見知りだし、友だちは少ないし。さっき、脳内執事のワークをしたけれど、褒められたことがないからたまあに褒められても素直に受け取れない……。

ポジティブでいることはいいことだけど、
ポジティブに目を向けすぎて
ネガティブを見過ごしてはいけないのよ。

ネガティブを見ないように、ネガティブなことは考えないようにして、ネガティブな気持ちをそのままにしておくと、表面的にはポジティブを装っていても、根本からのネガティブ思考は消えないの。そして、また同じような出来事が起きた時に、そのネガティブ思考が登場するの。

要は、いつまでもそのネガティブ思考が繰り返されるというわけ。

それはね、脳みその中でネガティブを消化しきれていないからなの。だからその時は過ぎ去ったとしても、また同じことが繰り返される。ネガティブをそのままにしておくと、不安や恐怖はいつまでたっても消えないのよ。

ネガティブな現象が起きた時に、あなたがそれにどう対応するか、どう思考を働かせるかが大切なの。

ネガティブなことって、日常で起きないことはないと思うの。

ポジティブがあるからネガティブがある。ポジティブしか知らなければいいかというと、そうではなくてネガティブな気持ちがあるからポジティブに戻りたいと思えるの。

ネガティブな気持ちを大切にすると、どうしてあなた自身が（今）ネガティブになっているのか原因もわかるし、あなたが本当は何を望んでいるのかもわかるの。

例えばあなたが『わたし結婚できないな〜』って、ネガティブな気持ちになるとして。結婚したいのか、彼氏が欲しいだけなのか、それとも結婚したお友だちに置いていかれた気持ちになっただけ

なのか。

もしかしたら、その時お仕事が大変で、結婚しちゃえば楽なのかも〜なんて思っていたのかもしれない。お友だちみたいに幸せになりたいのかもしれない。

ネガティブだからこそ、そういう発見ができるの。

だからネガティブはあなたが進化するためにはとても必要なお宝。ネガティブな自分を決して責めないで、大切な気持ちなんだな〜と思って、優しく接してあげてね。

♡お姫さまになるための極意♡

ネガティブだって願いは叶えられる♡

05 今は関係ない！オーダーは最高のものを用意するべし！

目標はまず、小さいことから、達成しやすいことから始めましょう♪と聞いたことがあると思うの。

過去のわたしも小さなことからコツコツと、それができた後、大きな目標を立てようと思っていた。段階を経ていく感じよね。

だけど、たいていの人は無意識に今の自分や過去の自分を軸に考える癖があるの。例えば、『今課長だから今度は部長、うまくいけば将来、この会社の社長になれればいいな♪』と目標を立てるでしょ。

だけど『今の自分がこれくらいの立場だから、そんなに大きなことを望んではいけないな』とか、『今のお給料がこれくらいだから（本当は都内の一等地に家を建てたいけど、）今の自分で考えられるオーダーは、せいぜいこれくらいかな？』という具合に、今の自分を無意識に軸として考えてしまうの。

どんなに素敵な夢があっても
それだと叶わないのよ。

今〇〇だから本当はこうしたいけど、まあこんなもんでしょ♪と未来まで決めてしまう。

それって、とっても
もったいないことだと思わない？

そして、そういうオーダーの出し方だと、本来のあなたの【オーダーに対してのエネルギー】が発揮できないのよ。

本当のあなたは『もっともっとエネルギーを出したい』って言っているのに、その妥協した夢がエネルギーを止めてしまう。

そんな風に押さえつけてしまっては、あなた自身がどんどん縮んでしまうの。本来のあなたはもっともっといける！　もっともっとやれる！　はずなのに……。

だからオーダーは、あなたが至福と感じられる、最上のものにして欲しいの。

今のあなたの状態なんて正直関係ないのよ。

本当にあなたがなりたいもの、欲しいものを妥協せずにオーダーすることが大切。あなたが最高だと感じられるものをネ♪

♡お姫さまになるための極意♡

願いを叶えるのに、今は関係ない！

06 願いを叶えるには、
　　ノウハウを捨てよ！

将来は、
世界一の女王様！

人は、叶えたいことがあると、それを手に入れようとあれこれ模索するもの。

どうすれば手に入れられるのか、
どうすれば成功するのか、
どうすれば結婚できるのか、
どうすればお金が入ってくるのか……。

その方法を知りたい、その方法を知ればわたしもそうなれる！
だけどそれにはまず、現実を変えなければ！　と考えるようにな

る。過去のわたしがそうだったように……。

今のわたしでは結婚できないから、外見を良くしなきゃ！

今のわたしでは成功できないから、ブログを毎日書かなければ！

今のわたしではお金が入ってこないから、もっと稼げる仕事をしなくては……。

今の現実に対して、不安や恐怖にかられると、かなりおかしな行動に出てしまうの。

このままではお金が入ってこない、このままでは結婚できない……。

それをどうにかしたいがために、そしてそれが本当にやりたいことなのかもわからずに……。

過去のわたしが、願いを叶えたいがために試したノウハウは数知れず。これをやれば願いは叶えられる。そのときはそう信じて疑わなかった。

だけど、何をしてもうまくいかなかったし何も変わらなかった。

それはどうしてかというと、不安や恐怖を拭うためにノウハウを試していたから。

そして、変えたいのは未来ではなく現実だったの。
3次元的には、

過去 → 現在 → 未来

という風に観て、目標を設定するのだけれど、
お姫さま思考®では、

未来 → 現在 → 過去

という風に観ていただくの。

5次元的（自由、魂で生きる制限のない本来の自分・未来の自分）に考えると、時間の流れは未来からなの。未来の自分がいて、今の自分、過去の自分がいるの。

そして願いを叶えるためには、先に未来を設定してしまうの。そこから今を考えていく。と言っても、その未来の自分が本物の自

分なので、現在の自分は仮の自分ということになるわ。

それがわかってしまえば、今どんなことが起きていても、仮に今が不幸の真っ只中にいても、焦ってノウハウに手を出そうとはしなくなる。

願いを叶えるのに大切なのは、今を変えようと何かの方法に頼ることではなく、どれだけあなたが未来のあなた（ビジョン）を観ることができるかなのよ。

♡お姫さまになるための極意♡
未来を観ればノウハウはいらない

07 自信がないことに自信を持つべし！

わたしのメソッドを受けている方のなかには『わたし、自信がないんです』とおっしゃるクライアントさまも多いの。

自信がないということは、どちらかと言うとネガティブなことよね。だけどそのネガティブなことをはっきりと（自信がないんです！　と）断言できるのは、『自信がないことに自信がある』ということじゃないの？　と思うわけ。

なんだかややこしいけれど、一般的には自信があると良くて、自信がないのは悪いこと。なんて思われがち。

だけどそんなことは全くないの。

どんな人だって、例え、自信満々に見えそうな人だって、初めてに不安はつきもの。でも『不安だったけど、やってみたらなんてことなかったよ』なんてこといくらでもあると思うの。

そもそも、自分のなかで失敗をイメージするから自信がなくなるの。

こうなったらどうしよう〜。
うまくいかなかったらどうしよう〜。
笑われたらどうしよう〜。

そんなことはたくさん想像できるけど、うまくいったことは想像できない。それは過去にした失敗から。今度もまた、そうなったらどうしよう……って。そう考えてしまうのよね。

だけど、自信のある人は、
うまくいくことだけを考えるの。

彼に告白して断られる自分よりも、『僕も好きだったよ♪』って言ってもらえる自分。

何かにチャレンジして失敗して落ち込む自分よりも、うまくいって大人気になっている自分。

そこにはワクワクがあって、楽しさもある。
うまくいかないことを考えるよりも、うまくいくことを考えた方が楽しいじゃない？

だから自信がないという理由で諦めてしまったり、やめてしまうのなんてもったいない。自信がないままやったらいいのよ。
そもそも、最初から自信満々の人なんていないんだもの。

『そうは言っても、自信がないからできないのよ』っていうあなたは、その自信のなさに自信を持ってみることをおススメするわ。

だってね、それだけ自信がないってハッキリと言えるんだもの、自信がない自分をアピールしたらいいじゃない！

自信がないことを責めるのではなくて、あなただけの特別な良さと捉えてみましょう。

わたしにも胸を張って自信を持てることがある！

そんなあなたも最高なの。
自信のないあなたに、ぜひ自信を持ってね♪

♡お姫さまになるための極意♡
自信のない自分だって最高!♡

08 まずはやりたくない ことを1つやめてみよ!

あなたの生活は、どれだけやりたいことで溢れている?

ここで、毎日の生活を見直してみましょう♪
朝起きてから夜寝るまでのあなたの生活を振り返ってみると、やりたいことが多いのか、やりたくないことが多いのかがわかると思うの。

あなたはどうかしら?

例えばお仕事、朝起きて『あ〜あ、行きたくないな〜』なんて思ったら、それはもうやりたくないことと判明！

会社に行くのにワクワクするわけがないと、お思いかしら？ でも、本当にやりたいことができる会社なら楽しくて仕方がないと思わない？ わたしなら、泊まってでもお仕事したいと思うケド。

わたしたちって、生活のほとんどが『できればやりたくないこと』だったりするのよ。ご家庭の主婦だったら、『ご飯作るのいやだわ〜』とか、『お掃除面倒だわ〜』という時ってあると思うの。

やりたくなくても、誰もやらないし仕方ないからやっているんじゃない？

あなたの人生は そんなことで本当にいいのかしら？

先ほど、あなたの1日を振り返ったときにやりたくないことだらけだったあなた、これからはそのやりたくないことを1つでいいからやめてみて欲しいの。

『わたしがやらなければ誰がやるの？』

『仕事をやめたいけど、

この歳で転職なんてできない！』

『家のことは誰がやるの？』

そんな声が聞こえてきそう。

> 《ここで思考のお話♪》
>
> Want to 〜と Have to 〜というものがあってね、Want to 〜は『〜したい』ということで Have to 〜は『〜しなければいけない』という意味。そしてこの『〜したい』と『〜したくない（しなければいけない？）』ということが願いを叶えるのに大きく関わってくるの。

あなたの日常が『〜したい』で溢れていると、毎日 happy に、笑顔で送れていると思うの。当然、お肌もツヤツヤ、毎日 happy なので人にも優しくできている。口から出る言葉に不平不満なんてもちろんないし、周りからも、とても大切に扱ってもらえている。

では、『〜しなければ』だらけのあなたの日常を見てみると、わたしがやらなければ誰がやるの？　と思っている。不満だらけだからいつもつまらないし、幸せな人を見ては妬む毎日。願いなんて叶うわけがないと思っている。

この二つのあなたを見比べて欲しいのだけど、したいことで溢れている生活を送っているあなたは、毎日がとても充実していて

happy♪

したくないことだらけのあなたは、不満タラタラなので老けるし、周りからは雑に扱われるし、下手すると病気になったりするかもしれない。

だったらどうすればいいの〜？　ということなんだけれど、本当はやりたくないことを全部やめて、やりたいことだけをやるのが一番いいの。

だけどそれはいろいろな事情でできないという場合、やりたくないこと（なかでも一番やりたくないこと）を１つやめてみるのはどうかしら？

例えば誰かにお願いするとか、得意な人にお任せするとか。

ただ、ここで大切なのは、やめるのは一番やりたくないことということ。

やめるのは勇気がいることだと思うの。だけど、やめてみると以外と平気だったりするのよ。

そして、そのやりたくないことを手放したら、やりたいことを１つ増やしてみて。

そうやって少しずつ、やりたくないことからやりたいことだらけの人生へと移行していけば、いつの間にか、やりたいことだらけの人生になっていて、とっても楽しくて、とっても幸せな毎日を送っていることに気づくから♪

あなたの人生がよりよくなるために、やりたくないことをまずは１つやめてみましょう。

それをぜひ今日からやってみてね。

あなたはまず、何をやめるかしら？

♡お姫さまになるための極意♡
やりたいことだらけの毎日を送る♡

3章のまとめ

魔法使いはあなた！　自分に魔法をかけよう。
- セルフトークで人生が変わる。
- 嫌いな気持ちを見逃さないこと
- いつも脳をご機嫌にしておく♪
- ネガティブだって願いは叶えられる
- オーダーは最強で最高のモノがベスト
- 大切なのはノウハウよりも未来を観ること
- 自信はなくても最終的には幸せになれる
- やりたいことだらけだと願いは叶う

〜願いを叶えるためには自分の感情がモノを言う。自分の感情を蔑ろにすることは誰のためにもならない。欲しい未来を描きながら、今の自分に魔法をかけること〜

この章では、
あなたがよりバラ色の人生を
送るための魔法を
お伝えしていきますね♪
あなたにとっての
至福とはなんでしょうか？
至福を手に入れるためには、
オーダーは最高のものを
用意していただく必要があるのです。
あなたにとっての
最高の至福を
この章でぜひ掴んでくださいネ♡

01 幸せよりも贅沢な『至福』を求める

過去のわたしは、幸せになりたいといつも思ってた。にもかかわらず、自分にとっての真の幸せがわからずにいたの。
そもそもこんな自分が幸せになれるのか、想像できなかった。

だからと言って、幸せになるのを諦めたのではなくて、そんななかでも『いつかは幸せになれる！なろう！』そう思っていた。

人って未体験のことはイメージしづらい。
例えば『引き寄せの法則』でよく言われている、それがすでに手に入ったようにイメージしましょう。ということだけど、天邪鬼

なわたしは、それをまだ手に入れたことがないのに、イメージなんてすることができなかったの。

イメージできないわたしが幸せになるには時間がかかるし、欲しいものを手に入れることも、他の人より難しいだろうと思っていたの。

だけど、たとえイメージできなくても、欲しいものを手に入れられるし、幸せになることはできるということを後で知ったの。だから今あなたにそれをお伝えしようと思うの。

話は変わって、この本でも何度もお伝えしている至福ということ。わたしのクライアントさまには、幸せではなくさらに上の『至福』を考えながらオーダーしていただいているの。

それはなぜかというと、

願いを叶えるのにはまず、自分の本当の願望をわかっていただくこと、そしてそれを妥協しないことが大切だから。

至福と言っても、最初はみんな遠慮してしまって、なかなか見つけることができないし、それを自分が望んでいいのかとも思ってしまうの。

わたしにはそんなことを望む資格はない、わたしが手に入れるなんてとても想像できない。そうやって、過去のわたしが考えたのと同じようなことを考えてしまうのよね。

だけど、それでは自分にウソをついてしまうことになるのよ。

そういう気持ちで出したオーダーは、まずは叶わないの。
だって、心から望んでいるものではないんだもの、叶うわけがないし、叶わない方がいいのよ。

だってオーダーは、心から望んでいるものだけが叶うのだから。
そういう仕組みになっているの。

そもそも自分の夢に遠慮するなんてありえないと思わない？
その妥協したオーダーが叶ったとして、本当に嬉しいかしら？

子どもの時の『大きくなったら〇〇になりたい』という夢。
あなたにもあったと思うけど、その時って本当になれると思っていたと思うのよ。

その時の気持ちをうっすらでいいから思い出してほしいの。

遠慮なんてしていなかったはず。

大人になるにつれ、いろいろな洗脳を受けて今のあなたがいるの。数々の洗脳を受けて、遠慮することを知ったあなたは、『今より幸せになれればいいか～』と妥協したオーダーをしてしまう。

本当は今だって、その時のように心から望めばそれは叶えられる。あなたが、どこかで妥協したり遠慮しなければすんなりと……。

オーダーは至福なものを！

叶えたいことは自分に遠慮せず、あなたにとっての至福を考えてオーダーする。

誰にも遠慮はいらないのよ。あなたの人生なんだもの。

♡お姫さまになるための極意♡
贅沢に望んでいい

02 いつだってお花畑の脳みそを持つ

『あの子ってお花畑よね〜♪』なんて使われる"お花畑"という言葉。なんだか、自分のことしか考えてない、『おめでたい人の代名詞』みたいに使われているけれど、その、おめでたい思考が願いを叶えられるとしたらどうかしら？

願いを叶えるには脳みその中を
お花畑にしていただきたいの。

だけどここで注意していただきたいのは、脳みそをお花畑にするということは、自分のことだけを考えて、勝手な振舞いをすると

いうことではなくて、なんでも自分に都合よく考えていきましょう、ということ。

例えば、同じことを言われてもその人によって捉え方って違うと思うの。

ＡさんとＢさんに彼氏さんがいて、その彼氏さんが『今日は仕事でデートに行かれなくなったんだ』と言ってきた時。

Ａさんは『わたしのこと嫌いになったの？　そういえば最近冷たいわ』と思うのに対し、Ｂさんは『お仕事大変ね。次回を楽しみにしているわ』という風にお返事する。

この場合、彼氏さんは急なお仕事が立て続けに入ってしまっただけなのに、Ａさんのように取られてしまうと、『悪いな〜』と思っていたとしても、逆に気を悪くしてしまうでしょ。

Ｂさんのように何も疑わずに、次に会えるのを楽しみにしていれば、次のデートで彼はプロポーズしてくれるかもしれない。

思考ってね、単純でいいの。

さっきの話でも、Ｂさんのように単純思考だと『彼は忙しいんだわ〜♪』で終わるから、それ以上は深くは追及しない。だから彼も、

Bさんは自分のことを理解してくれているんだと思えるの。

だけど、Aさんのように疑ってしまったり、相手に何か追求しようとすると、(Aさんは)彼のなかでもれなく面倒くさいオンナと化してしまうの。

お花畑の脳みそを持つということは、Bさんのように『自分がそうなったらいいな♪』『そうだったらうれしいな♪』ということだけを決して疑わずに考えるということ。

それを誰かに話すわけではないから、あなたがどんなふうに考えてもそれはそれでいいの。そして、あなたの思考がお花畑だと、ミツバチさん(彼)も飛んできやすいわよね。

要するに勘違いオンナになるということ。

その方が願いはすんなり叶えられるのよ☆

♡お姫さまになるための極意♡
脳みそがお花畑だと願いは叶いやすい

03 誰のための人生を生きたい？

幸せのゴールテープまっしぐら！

あなたは誰のための人生を生きたい？

もちろん、自分の人生を自分のために生きたいと思うわよね。

わたしは今まで、何かをしようとしたときは、親や友だち、パートナーに聞いて了解を得てからだったの。相手に『いいよ』、そう言われてからじゃないと決められなかったの。

そしてもし反対されたら、それをやりたくても諦めてしまっていたの。

なぜかというと、自分ばかりが楽しんだり、自分ばかりが幸せになってはいけないと思っていたから。自分が幸せになるということが、なんだか悪いような気がしていたの。

わたしは大切な人より
先に幸せになってはいけない
と思っていた。

そのせいか、楽しい時はいつも邪魔が入ったの。
デート中には親からの電話が鳴るし、これから旅行という時には突発的な何かがあったり……。だから心から楽しめることは少なかった。

それはのちのち『楽しもうとすると邪魔が入る』という、わたしの勝手な思い込みがあったから、ということがわかったのだけど……自分の人生なのに楽しめない人生。そんな人生をずっと送っていたの。

そんなわたしが、
自分の人生を生きようと思ったのは、
人に左右されるのが嫌になったから。

いつもいつも誰かの顔色を伺い、誰かの言葉を信じ生きていたわたしは、自分というものが全くなかったの。で、最終的に占い師

に依存したり詐欺に合ったりしたのよ。

そんな人生が嫌で、そこから卒業したいと思って自分の人生を生きようと決めた時に、これまでのことがなかったかのように新しい人生が流れ始めたの。

あんなにダメダメで辛くて毎日つまらなかった人生が、打って変わって幸せなものになったの。それは、ただ決めたから。それだけ。

自分の人生を生きていないと、良いことは誰かのおかげになって、悪いことは誰かのせいになる。人生に責任を持てないのよね。

だけど、せっかく神さまから、この世に降ろしていただいたんだもの。この自分としては二度とない人生なんだもの。
あなたも自分のための人生を送りたいとは思わない？

わたしの人生、わたしが主役！

あなたがそう決めるだけで、全ては動き出すの。

もしもあなたがこれまで何かの犠牲になってきたり、誰かのため

に生きてきたとするならば、これからは自分のために生きてみてはいかがかしら？

♡お姫さまになるための極意♡

自分のために生きると決めると全てうまくいく

04 あなたを邪魔する『嫌なあの人』の正体

悪役の正体は、意外と…？

『嫌だな〜。苦手だわ〜』って思う人、あなたにも一人くらいはいるんじゃないかしら？ でも、嫌だけどお付き合いしなければいけないこともあるわよね。

その嫌なお相手が職場の上司とか親戚とか、避けられない関係にある場合、あなたはどうやってその人とお付き合いをしていく？

嫌だけど、仕方ないから我慢するしかない。

そんな風に思ってはいないかしら？

もしくは、"あの人がいなくなればいいのに……。あの人に変わってもらいたい。"そんな風にも思うわよね。

だけど、嫌なあの人とストレスなくお付き合いしていくことは、

あなたの思考を変えれば、実はとても簡単にできてしまうの。

そして、その嫌な人がいつの間にか、あなたをとても大切に扱ってくれるようになったり、優しくなったり。まるで人が変わったように大変身するのが、『お姫さま思考®』なのよ。

わたしのクライアントさまで、職場で上司とうまくいかなくて、いつも冷たくされていた方がいたの。その方が思考を変えたら、いじめられていた相手にとても優しくされ、まるでお姫さまのように大切に扱われるようになったという、ご報告もいただいているのよ。

嫌な人を嫌だな～と思いながら、我慢してお付き合いする必要はないのよ

ではここで質問！

あなたの人生であなた以外に大切な人はいますか？

それは誰ですか？

当然のことながら、嫌いな人は人生には不要でしょ♪

そうなの、嫌いな人って あなたの人生には不要なのよ。

だけど、どうして今そういう人があなたの目の前にいるかというと、それはあなたの人生の一部において、その人はとても重要な役割をしてくれているからなの。

人生であなたが出会う全ての人には、いろいろな役割が与えられているの。いい役をしてくれる人もいれば、悪い役を引き受けてくれる人もいる。

あなたが嫌いだなぁ～と思う人って、わざわざ悪い人を演じてくれているの。そしてね、そういう姿をあなたに見せることで、（あなたは）『わたしはああいう風にはならないわ♪』と、お勉強できるというわけ。

そして、その人は役割が終われば また元の優しい人に戻るのよ。

そう考えると、嫌な役割をわざわざ引き受けてくれているその嫌な人のことを、なんだか可愛く思えてきたり、感謝の気持ちになっ

たりはしないかしら？

あなたの人生のドラマには、それ相応の役者さんが必要。

あなたの人生は、
その人あってこその人生なのよ♪

嫌な人に何か言われても、そう考えるとどうかしら？
今日から嫌なあの人を見る目、少し変わらない？

♡お姫さまになるための極意♡
嫌なあの人は
実はとても素敵な人だった

05 小さな玉手箱と
大きな玉手箱
選ぶのはどっち？

小さなつづらと大きなつづら。欲張りなおじいさんは、欲張って大きなつづらを選んだために、つづらの中にはガラクタがたくさん入っていました。という昔話があるわよね。

欲張ってはいけない。人は謙虚に。

昔話ではそんなストーリーが多いけど、小さい頃から『遠慮』を教えられてきた人も多いのではないかしら？

欲しくても遠慮しなさい。

　　我慢しなさい。

　　欲張ってはみっともない。

小さい頃から、それが美しくてそれが正しいと信じてきたわたしは、自然と自分の欲望を抑えることを覚えたの。

大きい玉手箱と小さな玉手箱があるとして、本当は大きな方を選びたいのに、遠慮して、こっちでいいと言ってしまう。そんな子どもだった。

大人になってからも、大きい方を選べば欲張りだと思われるから、大きい方を誰かに譲って、自分は小さい方を選んだ。自分が本当に欲しいものを欲しいと言わないでいることが人の幸せ……心からそう思っていた。

夢は大きく持とう♪　今の社会ではそんな風に言われるようになって、時代は変わってきたのね〜と思うの。

だけどわたしたち大人が実際に、大きな夢を人に話したとしたら

『え?そんなこと
　本当にできると思っているの?』

『いい年してなにやっているの?』

と、言われたりすることだって、まだまだ全くないとは言えない。

だったら人に話さなければいいと思うけど、だけどなんだか自分の心の中でさえも、その夢を持つことすらいけないような感じがしてしまう。遠慮してしまうの。

先ほどもお伝えしたけれど、わたしのメソッドでは、『常に自分の至福を観ましょう』とお伝えしているの。だけど、遠慮深くて謙虚な人は、最初から大きな玉手箱を選べない。だから至福なんて言われても、自分の至福っていったいなにかしら?　なんて思ってしまうの。

普段から自分や誰かに遠慮して生きていると、好きな方を選んでください。なんて言われても、

『欲張りだと思われる』
『わたしはそれを手にする資格はない』

と思ってしまう。

だけど、大きくても小さくても、

その時に欲しい方を選べばいい。
２つ欲しければ２つ選べばいい。

迷わずに遠慮せずに、あなたは本当に選びたいほうを選べばいいのよ。

あなたが本当に欲しいものは望めば手に入るんだから、あなた自身に遠慮しなくていいの。

♡お姫さまになるための極意♡

迷わずに遠慮せずに
欲しい方を選ぼう

06 人生は全てネタ！

人生はRPG！

わたしのこれまでの人生の話を、クライアントさまやお友だちに話すと、"かなり壮絶だったんですね"と言われるの。

でもわたし自身は、たいしてすごいとは思っていなくて、逆に本当に素晴らしい経験をさせてもらったとさえ思っているの。

そして、その経験があったから、今こうしてあなたにお姫さま思考® という魔法をお伝えできているのよ。

例えば、あなたが会社で失敗したこととか、昔の彼に振られたこ

ととか、未だに根に持っているネガティブなことはないかしら？

そして、それがトラウマになっていて、『また失敗するかも』『また振られるかも……』なんて怯えていたりはしない？

だとしたら、あなたはかなりもったいないことをしていると思って欲しいの。

人の失敗なんて、誰も覚えていないし、あなたが思うほど周りは気にもしていない。

だからあなたのなかでそれを気にするよりも、誰かに笑い話として話しちゃった方があなたのためにもなるの。

わたしはこれまでの経験をこうしてあなたに話すことで、あなたが勇気を持ってくれたらいいな♪　と思っているの。

だって、そのためにしてきた経験だもの。

『こんな人でも幸せになれたんだから、わたしも幸せになれる！』
『わたしも変われるかも』
そう思ってもらいたくて、お姫さま思考®というメソッドを作ったの。

もしもわたしが、スタイル抜群で、お金持ちで、頭もめちゃくちゃ良くて、顔立ちだって整っていて、素晴らしい環境に生まれ育ったとしたら、あなたはきっと『LUNAさんだからできたんでしょ』と思うでしょ。

だけど、本当にどこにでもいるような一般人がこうして幸せをつかんだとしたら、あなただって望みを持つことができるんじゃないかしら？

話はそれてしまったけれど、人生って誰もが挫折をしたり、絶望を感じたりする場所なのよ。

だけどその経験全てが神さまから あなたに贈られたプレゼントなの。

あなたが今、辛いと思っている出来事は、あなただけにしかできない経験で、あなただからできる経験なの。だからそれをひた隠しにしたり、根に持ってウジウジしてみたりするのはもったいないのよ。

きっと今は辛くて、誰にも話すことなんてできないと思うかもしれないけれど、あなたの経験が誰かの役に立つことがあるかもしれない。

その時はぜひ、それをネタとしてその人にお伝えしてあげて欲し

いの。

💬 **人生は全てネタでできている。**

💬 **それはあなたにしか持てない最高のネタ♪**

♡お姫さまになるための極意♡
人生ネタだらけ

07 誰にも真似できない
自分ワールドを作ろう

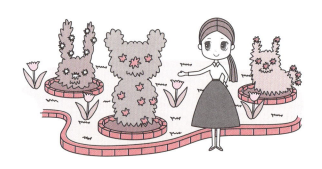

ビジネスメソッドのなかで、クライアントさんに聞くことがあるの。それは、

自分の世界に誰を巻き込みたい？ ということ。

これは起業したい人もしている人も、そうでない人にもみんなに共通することなの。

誰かと同じだと安心したり、みんなと違うことをしたり、言った

りしたら、空気読めないって言われる。
あなたは、そんなことを思ったことはないかしら？

確かに誰かと一緒だと無難かもしれない。だけど、それで本来のあなたが活かせるのかしら？

わたしは小さい頃、誰かと同じことをするのが苦手だったの。だからいつも一人でいたし、それが楽だった。放課後にみんなと遊ぶ時間も、先に帰って家で本を読んだり、お気に入りのぬいぐるみと戯れていた。

誰にも気を使うことなく、誰にも邪魔されることなく、自分の世界にいられる。それが本当に幸せだったの。

だけど、保育園、学校、そんな社会にいれば、大人からは『協調性のない子ども』として見られるわよね。

みんなと同じことができない。みんなと遊べない、団体生活が苦手。

もっとみんなと遊びましょう♪ もっと仲良くしましょう♪ と言われ続けたの。とにかく学校が嫌いで、どうやったら学校を休めるかばかり考えていた子どもだったから、おかげでズル休みのプロになったけど。

その頃から『誰かと一緒のことをするといいんだ。いろいろ言われなくてすむんだ』、そう思い始めて、いつの間にか誰かに合わせることを得意としていたの。だから大人になっても人に合わせてばかりで、自分の意見や思いを言えない人になっていたの。

例えばお洋服。

大人になればいろいろ着たいモノが着れるのに、『田舎でこんな格好したら誰かに何か言われるかも』なんて思って着たいものを我慢していたり、『こんな歳だしこんな色派手じゃないかしら？』なんて気にしてみたり……。

だけど、子どもの時から我慢してきたせいか、大人になってそれが爆発したことがあって、それから自分の着たいものを着たり、やりたいことをやったり、

誰かと同じ人生を卒業したの。

みんなと一緒だと安心するのは、自分のなかに『人と同じじゃないとダメ』という刷り込みがあるからなんだと思うのね。だけど、

誰かと同じだと
自分の世界を持てないの。

わたしは、お姫さま思考®を作り上げて、今それを伝えることをお仕事として活動しているけれど、もちろんわたしにも何人かの尊敬する師匠がいて、その元で学んだから、今があると思っているの。

だけど師匠たちには師匠の世界があって、わたしには LUNA という世界がある。

どの師匠も『わたしのところに属しなさい！』とか、『わたしの元を離れてはいけない』なんてことを言わないし、逆に、『あなたはあなたの世界を作り上げなさい』と教えていただいたの。

だから、わたしは LUNA の世界観というものをこれからも大切にしていくつもりでいるし、それをもっと伝えていきたいと思う。

そしてね、自分の世界がある人はやっぱり自分があるの。

自分軸という言葉を聞いたことがあると思うけど、自分をしっかり持っている人は、お仕事だけでなく、恋愛や人間関係、お金までも味方につけることができるの。

流されないし揺らがない。

彼の一言に一喜一憂して落ち込むこともないし、あなたがもし起

業したとしても、周りの声や意見を聞くことはあっても、それに必ずしも従わなくてもいいと思える。

あなたの世界には、一緒に住みたい人だけを、そして、その世界のあなたのお城には、あなたが入れたいと思う人だけを入れればいいの。

あなたがこれからの人生で揺るがない自分でいるために、自分ワールドを持つことをおススメするわ。

♡お姫さまになるための極意♡
自分だけの自分ワールド作ろっ!

08 予期せぬ不幸も
至福に変える魔法

**突然、彼氏に振られてしまった。
会社から急に解雇を言い渡された。**

**車をぶつけてしまったり、
お財布を落としてしまったり。**

わたしたちの生活のなかで、ネガティブなことって防ぎようがないくらいに起きる。

だけど、そんなネガティブな出来事さえも、至福へと変えること

ができるのが『お姫さま思考®』なの♪

だからと言って、ネガティブな出来事が起きてもへらへらと笑っていましょう。とか、それを無理やりポジティブに変えましょう。なんてことは言わないので安心してね♪

ネガティブなことを至福に変えるとは『最悪のなかにも最高を見つける♪』ということ。

今起きていることは最悪に見えても、そこからどう転んだら嬉しいかを考えてみるの。

例えば、彼に振られてしまった。そのあとどうなったら嬉しいのか、あなたにとっての至福を考えてみると、彼が『キミじゃなきゃダメなんだ』と言って戻ってくるのもありだし、もっと素敵な人に巡り合うのもあり。いろいろなことが想像できると思うのよ。

そこを観ると、今起きていることはそこに繋がっている。

だから最悪だなんて思えなくなってくる。というわけ。

もちろん、落ち込むでしょうし、ショックは隠せないとは思うの

だけど、そんななかでも至福を観るということはとても大切なことなの。落ち込んでショックで泣いた後は、『どうせこうなるのだから』という自信を持つこともできる。

今起きているネガティブな出来事は、あなたが至福を掴むための通り道でしかないのよ。

ネガティブな出来事は、大きなことも小さなこともあるけれど、それをどう観て、捉えるかで、その後の人生が変わると思っているの。

わたし自身も自分の過去は決していいとは言えなかったけれど、それも幸せになるための通り道だと思っていたから、今があるの。

至福を掴むのは全く難しいことではなくて、あなたの思考次第ということなのよ。

♡お姫さまになるための極意♡
マイナスな出来事も全て至福への通り道

4章のまとめ

至福の人生を手に入れるためのオキテ。
- 贅沢に望む
- お姫さま思考®はお花畑思考！
- わたしの人生、わたしが主役
- 嫌なあの人を素敵な人に脳内変換♪
- 自分に遠慮しない
- いいことも悪いことも全てネタと化す
- 自分の世界を持つことは自分を進化させること
- マイナスな出来事は幸せへの通り道

～自分の人生を自分のために生きる。だれにも遠慮はいらない！～

この章では、お姫さまな恋愛について
お話ししていきますね♪
恋愛がうまくいかない、
なかなか愛されない。
それは決してあなたが悪いわけではなく、
ただ思考の問題なのです。
あなたが大好きな人に
思いきり愛されるように、
愛される思考の極意を
お伝えしていきますネ。
愛されることはハミガキと同じくらい
簡単なことなのです♪

01 愛されることが 当たり前な思考を持つ

愛される人と愛されない人の違い、あなたはわかるかしら？
それは特別なことは何もなくて、こういうことなの。

『愛される人は愛されることが 当たり前だと思っている』

今あなたがもし、好きな人から愛されたいという願望があるのなら、1日も早く愛される思考になった方がいいと思うの。

わたしの過去の恋愛が散々だったということは、この本で何度も

お伝えしてきたけれど、愛されたくて"彼から愛される〇〇術"とか"こうすれば彼が振り向く"というノウハウを片っ端から試したり、慣れない自分磨きをしてみたり。

小細工をしていた時は全く愛されなかった。

だけど、頑張っても頑張っても愛されないわたしとは逆に、全く頑張っていない人が愛されているのを何度も目にしてきたの。

そんな人を見ると、『どうしてわたしは愛されないの？』『わたしにはやっぱり魅力がないの？』と悔しさや悲しさで心がいっぱいになったわ。

だけど、愛されている人は自分が愛されることに全く違和感を持っていなくて、ましてや、わたしみたいに愛されようとして小細工もしていなかったの。

むしろ、愛される人にとって愛されることは普通のことで、自分が愛されないなんてことは全く考えていないのよ。

脳みそに愛されないという思考がないの。

脳みそは思考したままを答えとして捉えるから、わたしの愛され

たい思考は、脳みそにとってはずっと、『わたしは愛されたい』というままだったの。わたしが頑張れば頑張るほど愛されなかったのは、『愛されないから愛されたい』という思考のままだったからなの。

あなたがもしも愛されたいと願うのなら、愛されたいという思考から、愛されるという思考に変えたほうがいいと思うのよ。

『わたしは愛される』

それを脳みそがキャッチして、愛されるあなたへと変えていくから。愛されたいのなら愛される思考を持つことが何よりも大切。

愛されたいからと言って、慣れないことを無理して頑張るよりも、あなたはあなたのままで、愛されるのが当たり前なあなたになりましょう♪

♡お姫さまになるための極意♡
愛されたいと思うから愛されない

02 ワガママ気ままでも
愛される

あなたは、ワガママだと愛されないと思ってはいないかしら？

ワガママを言ったら彼に嫌われる。
自分勝手なオンナだって思われる。

そう勘違いしている方が多いけれど、ワガママと自分勝手は全くの別物。

それをブログでもお伝えしたことがあるんだけど、読者さまから『LUNAさんの言うワガママってどんな程度ですか？ 彼にどれ

くらいのワガママまで許されますか？』なんて質問をいただいたことがあるの。

その方には、『あなたが彼のワガママを許せるのと同じくらいです』という風にお答えしたのだけど、ワガママだから愛されると言っても、どんなワガママでもいいわけではない。

例えば、あなたがどんなに彼に会いたいからと言っても、夜中に彼を自分の家まで呼びつけるとか、元々、決まっていたデートの行き先を勝手に変更してしまうとか。そんなことはワガママではなくて自分勝手の部類に入るのはわかるわよね。

お姫さま思考®でいうと、

ワガママとは、一言で表現する自分を持っている女性のことなの。

先ほどもお伝えした『自分軸』。

自分軸でいる女性とは、『自分の意見を持っていて、自分の足で立っている。他人や周りに流されることも、ブレることも、惑わされることもなく、自分の好きなことを好きなように楽しみ、自分自身も大切な人も幸せにすることができる』という人のことなの。

そのなかでワガママがどう関わってくるのかと言うと、

自分の想いをしっかりと相手に伝えることができる、ということ。

それは、恋愛でもお仕事でも、人生全般で言えること。

あなたがもしも、彼や周りの人に自分の想いを伝えることができないでいるのなら、お相手を信じてみて自分の気持ちを伝えてはどうかしら？

実はワガママになるということは、相手を信頼しているからこそできることなの。

私のワガママを彼は聞いてくれるだろうか。
嫌いにならないだろうか。

なんて心配をしているから言えないのであって、もしも彼が『どんなあなたでも好きだ』という保証がされていたらどうかしら？
気兼ねなく彼に自分の気持ちを言えるのではないかしら？

**彼に対してワガママになるのが
難しいのなら、**

**まずは彼を信じてみることから
始めてみましょう♪**

あなたの好きになった人だもの、素敵な人に違いないでしょ。

そしてあなたの可愛いワガママを、彼にどう受け止めてほしいかを考えてみて。そうすることで自然に、自分の想いを伝えることができるようになるし、怖くなくなるわよ。

彼はあなたのワガママを待っているわよ。

♡お姫さまになるための極意♡
ワガママだから愛される

03 まずは彼より
　　自分自身に惚れる

『わたし、自分のことが嫌いなんです』

そう言う方も珍しくはないの。

実際、わたしのクライアントさまでも、自分を好きになれない方はいらっしゃったのよ。自分を好きになれない原因として、例えば容姿、顔、性格などいろいろあるけれど、自分を好きになれないと恋愛も楽しくできないのよ。

その方も、自分のことは嫌いだけど年齢も年齢だから『結婚した

い』と思って婚活を始めていたのね。だけど、自信のない自分を好きになれずにいて、なかなかいいご縁に恵まれなかったの。

いいな〜と思うお相手ができても、

『わたしが声をかけてもいいのかしら？
こんなわたしだし……』

彼女はそう考えてしまい、自信が持てなくてなかなか声をかける勇気もなかったの。

恋愛がうまく行っている人って、たいていは自分のことが好きな人だと思うの。自分のことが好きだから自信もあるし、だからさっきお伝えした『愛される思考』でいられるわけ。

だからもちろん彼からも愛される。

でね、自分のことが嫌いなまま恋愛をすると、彼に愛されているのかさえも不安になるの。

こんなわたしでいいのかしら？

本当に彼はわたしのことを
愛してくれているのかしら？　と。

そんな風に思ってしまう。

過去のわたしが、お付き合いしていた彼に何度も『愛してる？』と聞いて安心したかったように、それを確認しないと不安で仕方なくなるの。

だから、あなたが素敵な恋愛をしたいのなら、ぜひ自分のことを好きになって欲しいのよ。

それも自分に惚れるくらい大好きにネ♪

誰にだって、コンプレックスはあると思うの。
わたしだっていまだにあるのよ。

だけど、自分の悪いところだけ見ても、いいことなんて全くないの。

それよりも少しでいいから自分の好きなところを探してみるといいわ。

それすら見つからないとしたら、1日の終わりに自分を褒めてあげること。そうすることで自分のことが嫌いでなくなるから。

3章でお伝えした脳内執事に褒めてもらうことだっていいし、あなた自身が『わたしはわたしのことが大好き♡』って思えるよう

になるまで、どんどん自分を褒めて欲しいの。

自分の脳みそを、そうやって気持ちよくさせてあげることで、あなたの脳みそはいつしかそれに慣れて、いつもその気持ちよい状態でいたいと思うようになるのよ。

自分に惚れるなんて難しいと思うかもしれないけれど、彼に惚れることができるんだもの。自分にだってできるはずだわ。

それには、あなたがあなたの脳みそを気持ちよくさせてあげればいいということ。

さあ、今日から早速自分を褒めてあげてね♪

♡お姫さまになるための極意♡
自分褒めで自分惚れ

04 『オンナノコ』の気持ちを大切にする

小さい頃のあなたはどんな女の子だったかしら？
きっと素直な少女だったのだと思うけど。

至福の恋愛をするには、大人の女としての部分も必要だけど、時には少女の気持ちも大切にして欲しいの。それはどういうことかというと、『ピュアさ』なの。

それは『自分の素直な気持ち』ということ。

この気持ちを大切にすることで オーダーが叶えられていくの。

ピュアなハートで出したオーダーは、どんなに大きくても、(もちろん小さくても) いずれは叶うようにできているの。

わたしたちは元々、ピュアな心で生まれてきたのだけど、大人になるにつれて少しずつ、社会のいろいろな洗脳によってピュアさを忘れてしまったの。それは作られた常識であったり、制限された生活だったり。本当はいらない情報であったり……。

だけど本当は、制限のない 快適な世界にいたんだもの。

そっちの方が住みやすいはずなのよ。

子どもの時って、大きくなったら何にでもなれて、何でもできるような気がしなかった? キラキラした瞳で夢を語る。その純粋さは宝だと思うの。

わたしたちは、大人になってそれを忘れてしまっただけで、誰の心にも眠っているピュアなハートを持ち続けることが、本当は大切。

恋愛に例えると、彼に嫌われたくないから自分の気持ちを言わない。とか、いつも彼に合わせてばかり。とか。

彼とのデートで、ランチにイタリアンのお店に行こうと言われたけれど、その時のあなたは和食がよかった。だけどあなたはそこで、彼に気に入られたいからいい子になって『イタリアンおいしそう〜』とか言って彼に合わせてみる。

本当は和食が良かったのに……。

自分にウソをつくと言えば少し大げさかもしれないけれど、自分の気持ちを隠したままのデートは全く楽しめないし、帰宅したらどっと疲れが……なんてことになるわよね。

感情で動く。
それはワガママなことだと思うかもしれない。

だけど、

自分の中の感情を大切にすることは、自分を大切にするということなの。

あなただって、彼に合わせてばかりの恋愛よりも、心から楽しめる恋愛をしたいでしょ。

そのためにはピュアなハート♪
それをいつも持ち続けてね♡

♡ お姫さまになるための極意 ♡
ピュアなハートでいることで愛される

05 『わたしといられて幸せでしょ♪』の姫極意

白馬に乗った素敵な王子さまが、いつかわたしを迎えにきてくれて幸せにしてくれる♪

そんなことを本気で思っている方が、今の時代でもまだいるのよね。"女性は受け身"というのは遠い昔のお話だと思うの。

もしもあなたが、そんな風に思っているのなら、今すぐそれをやめてほしいの。

『わたしは素敵な男性と結婚して幸せにしてもらうの』

この"もらう"っていうのは全て彼任せなの。その思考では幸せになれないの。

だって、あなた自身から幸せになろうとしていないじゃない？

結婚して幸せにしてもらいたい。結婚したら楽をさせてもらいたい。

そんな風になんでも彼（男性）に依存していると、自分で幸せを掴めなくなってしまうのよ。依存の世界に入ると、『どうしてわかってくれないの？』『なんで叶わないの？』という、スパイラルに入ってしまうの。

いつまでたってもクレクレが止まらないし、なにかがあれば全て彼のせいにしてしまう。そんな風に、自分を持たないで誰かに自分の人生を委ねるのは『姫』ではないのよ。

お姫さまというと、なんだかフワフワしていて頼りない感じがするかもしれないけれど、

実はお姫さまというのは、根っからのオトコマエ♪

わたしのクライアントさまのなかでは、『お姫さま＝オトコマエ』とか、『カッコいい』という公式が定着しているようで、クライアントさまからも『カッコいい姫になりたいです』と言われることが増えてきたの。

男性に幸せにしてもらうのではなく、『あなたはわたしといれば幸せになれるわよ。わたしがあなたを幸せにしてあげるわ』くらいの気持ちでいて欲しいの。

それくらいの強さを持ち合わせているのが『真のお姫さま』なのだから。そしてそんなあなただから彼は幸せになれるのよ。

♡お姫さまになるための極意♡

彼はわたしといることで幸せになる！

06 恋愛 負の3要素に打ち勝つ！

嫉妬、不安、心配。
なんだか似ているこの3つの負の3要素。

いいことではないとわかっているけれど、なかなか避けられないものよね。

とくに嫉妬という感情は、エネルギー的にもあまり歓迎されないじゃない？　だから余計に、嫉妬する自分を責めてしまって、落ち込んでしまうこともあるのではないかしら？

この、嫉妬や不安、心配に打ち勝つにはどうしたらいいのか。ということだけど、例えば、彼が他の女性と楽しそうにお話をしている場面を目撃してしまったとしたらどうかしら？

『あの人は誰？　どんな関係？　彼はわたしといる時よりも楽しそう』

そんな想いが心配から不安へと移行し、さらには嫉妬にまで変化してしまう。

そもそも不安になる原因は何だと思う？

あなたが自分に自信がないから？
彼を信じ切れていないから？

正解はどちらも！　なの。

あなたのなかで、自分を信じ切れていないのよ。

自分が彼を好きになったのに、その好きな気持ちを信じることができないから嫉妬するの。

そして、嫉妬の一番の理由は恐怖。

彼がわたし以外の人のところに行ってしまったらどうしよう。
わたしを必要としてくれなくなったらどうしよう。

あなたが彼女と自分を比べることから起きる不安が、恐怖へと変わるの。

でも不安のままにしておくことはできないじゃない？

そんな時は、この不安から、あなたがどんなことを彼に望んでいるのか、彼とどういう関係でいたいかを設定してみるといいの。

例えば、わたしはもっと彼と一緒にいたい。という答えが出るかもしれないし、わたし以外の人といる時もわたしのことを考えてくれていればいい。という答えが出るかもしれない。

そしてそれが、
あなた（と彼との）のオーダーになるの。

これって、あなたが彼に対して脳内でいつもどう思っているのか、が大切になってくるのよ。

『彼は何があってもわたしを好きでいる』
『彼にとってわたし以上の人はいないわ！』

と思っているのか。それとも、

『彼はカッコいいから誰かに取られてしまったらどうしよう。
他に好きな人ができてしまうのではないかしら？』

なんてことばかり、
頭の中でグルグルしていていつも不安なのか。

あなたのセルフトークが全てのカギになるの。

だから日ごろから、高いセルフトークを心掛けることであなたの不安は無くなると思うわ。

嫉妬自体は決して悪いことではないの。
確かに、嫉妬の度合いにもよるけれど。でもこうして嫉妬から発掘できるオーダーもたくさんあるのよ。

そう考えると、嫉妬も不安も、全て恋愛の味方につけられる感じがするでしょ。これからは、嫉妬する自分を責めるのではなく、そんな思考が出てきたら、真のオーダーを見つけるチャンスだと思ってね。

♡お姫さまになるための極意♡
嫉妬から真のオーダーを発掘せよ

07 彼に振り回されるより振り回す♪

気づけばいつも、彼に振り回されている。

そんな経験はないかしら？

彼にいつも振り回されている人は『わたしばかり振り回されていて損している気がする。たまには彼を振り回してみたい』そんな風に思うこともあると思うの。

振り回される理由として考えられるのは、彼に嫌われたくないという感情から。嫌われたくなくてつい、彼の言う通りにしてしまっ

たり、多少の無茶ぶりでも断れなかったりするの。

振り回される人は、軸が自分ではなくて彼になっているの。

本来は、自分（の気持ち）があって、次に彼や両親、友だち、お仕事、お金……という風に、まずは自分が先に来るの。

【自分至上主義】というのだけど、自分というフレームにいる時は、いつも幸せで自由で制限がないの。やりたければやるし、やりたくなければやらない。自分の感情を大切にしている感じネ。

だけどそれが、ふとしたことが原因で、何か別のフレームに入ってしまうことがあるの。とくに自分にとって大切なモノのフレームに入りがち。そして、今まで自分が上だったのが（例えば彼のフレームにいると）彼が一番上になってしまう。その結果、いつも彼に振り回されるという事態に陥るというわけ。

恋愛だけでなくて、何に対しても自分の軸をしっかりと持っていることで振り回されなくなるの。

これで、あなたが彼に振り回されてきた原因はおわかりかしら？

では、あなたが今度は彼を振り回してあげましょう♪　と言って

も、自分勝手な行いはダメよ。

今と逆のことをするだけでいいの。本当にそれだけなのよ。

あなたが今まで彼に合わせていたのなら、それをやめて自分至上主義になる！　彼の無茶ぶりを断って自分のしたいようにする！　それだけなの。

要するに、あなたが彼ではなく自分を優先すること。

最初は少し勇気がいることかもしれないけれど、それによって、あなたは彼に振り回されなくなるし、いつだって笑顔でいられるわよ。

♡お姫さまになるための極意♡
自分至上主義でいると何にも振り回されない

08 シンデレラが 王子さまと結ばれた ホントの理由

芯は、オトコマエな性格!

男性に頼りたいという方は多いかもしれないけれど、さっきもお伝えしたように、男性に幸せにしてもらおうとか、安定した生活をしたいからという理由で、結婚を望むのは違うわよね。

男性に依存してはあなた自身が幸せになれないし、ましてや彼だって幸せになんてなれない。

そしてね、お姫さま思考®でいうお姫さまとは、男性に依存する女性ではなく、自分の足でしっかりと立つことができる、いわゆる自立した女性のこと。そうお話ししてきたと思うの。

その自立した女性の代表は、
実は誰もが知っているシンデレラ。

わたしも小さい頃からシンデレラに憧れていて、シンデレラみたいに素敵な王子さまと結婚して幸せになれたらいいな〜♪　なんて思っていたの。

でもそれには苦労がつきもの。

（シンデレラのように）幸せになるには、（シンデレラのように）苦労しないとなれないと思っていたから苦労してきた。

シンデレラは芯の強い女性だったから
王子さまと結婚できたと思っているの。

わたしも舞踏会に行きたい！
それをしっかりと意思表示できるところ。

それは紛れもなく自分至上主義でしょ♪

誰が何と言ってもわたしはそうする！
そんな強い意志があったわけよね。

そして、それからは行きたいがために、魔法使いにネズミにカボ

チャまでを巻き込む。そんなことまでして舞踏会に行きたいっていうその思考が普通では考えられないでしょ。

**考えてみて！
あなたならそんな状況でも、
舞踏会に行こうとするかしら？**

そして、最終的には王子さまと結ばれるわけだけど、王子さまだって国を背負って立つ男性。妻として迎えるにはそれ相応の強さや軸がある女性を望むの。

そのためには依存するような面倒くさい女性ではなくて『あなたは王子でしょ！　しっかりしなさい』というぐらいの方がちょうどいいわけ。そんなシンデレラだったから、王子さまのハートを射止めたのよ♪

シンデレラはオトコマエだったの。

♡お姫さまになるための極意♡
シンデレラはオトコマエだったから王子さまと結婚できた

5章のまとめ

愛されるには……
- わたしは愛されるという思考を持つ
- ワガママになる
- 自分を褒めて自分に惚れる
- オンナノコの自分を大切に♪
- 彼を幸せにすると腹を括る
- 嫉妬する自分から真のオーダーを発掘する
- 振り回される自分を卒業する
- シンデレラのようなオトコマエになる

〜愛されるのになんの小細工もいらない。自分は愛されると思うだけ。あとはワガママに自由にあなたらしくいればOK♡〜

これまで、お姫さま思考®の
極意をお伝えしてきました。
そして、これがとうとう最後の章になります。

庶民デレラだったわたしが変われたように、
あなたにもそれは簡単にできるということ。

お城に住んだり馬車に乗ったりは
難しいかもしれないけれど、
あなたの思考をお姫さまにさせるということは
意外と簡単だと思えたかもしれないですね。
最終章では、いよいよあなたが
これからもっと至福な人生を送れるために、
あなたのなかのお姫さまマインドに
目を覚ましていただきます♪

01 今までの人生は あなたが選んだ結果

これまでの人生は、 あなたが選んできたの。

『そんなことないわ！ だってこんなの望んでいないもの』と思うかもしれないけれど、よく考えてみて、あなたがこれまで考えてきたことは今現実になってはいないかしら？

『幸せな人はいいわよね〜』とか、『手に入れたのはあの人が特別だからじゃないの？』とか、自分の現実に不満を言ったり、誰かを羨ましがってはこなかった？

『仕事がつまらない〜』とか、『お金がなかなか貯まらないのよね〜』なんて、日ごろから口にしたりはしていなかった？

これまでもお話ししてきたように、脳みそは言ったことをそのまま探し求めるものなの。だから、あなたがこれまで口にしてきたことをそのまま実現させてくれているだけ。だから脳みそは、あなたの言う通りにオーダーを通してくれただけなの。

あなたが望んでいたことが現実になっているだけ。

だから今のあなたの人生は、その結果というわけなの。

だけど、だからと言ってガッカリすることはないのよ。

あなたがもし、今がうまくいっていなかったり、これまでの人生は決して良かったとは言えないと思っているのなら、これからの思考を変えていけばいいだけの話なのだから。

『思考を変える』ことを難しく感じるかもしれないけれど、この本でこれまでお伝えしてきたことは、誰にでもできる簡単なこと。もし難しいと感じたとしても、思考を変えれば今までの人生がガラッと変わると思えば。ネッ♪

あなたの人生は、あなたの思考が作ってきて、もちろんこれからの人生もこれからのあなたの思考が作っていく。それほどに思考というのは大切なもの。

わたし自身もお姫さま思考®になる前は、こんな話は信じられなかったけれど、それまでの自分の人生を振り返れば、確かに思考も口にする言葉も、決して良いものとは言えなかった。

『なにかいいことないかな〜』
『あの人はいいな〜』

なんて、いつも人を羨んでばかりいたから。

だけど、そのわたしがこうして変わることができたんだもの。あなたにだってもちろんできちゃうの。

だから、あなたがこれからの人生を happy にしたいのならやることはただ１つ！　すぐに思考を変えることなのよ♪

♡お姫さまになるための極意♡
あなたの思考が人生を作る♡

02　5次元ワールド♪
こっちの水はあ〜まいよ♡

ハートの動くままに！

本書のなかで、"苦労しなくても、頑張らなくても夢が叶う"ということをお伝えしてきました。

わたし自身、それを知る前は100%の結果を出すために120%のエネルギーを出すことは当たり前で、いつも必要以上に力を出しては疲れ果てるという結末だったの。

だけど、お姫さま思考®を知ってからは、そんなことは無駄とさえ思うように変わったの。

世の中には、苦労しなくても幸せを手に入れていたり、頑張らなくても愛されている人がいる。

そんなのは一部の人だけだと思うかもしれないけれど、それはただの嫉妬なのだと思うようになったの。自分にはできていないからそう拗ねるだけ。

だったらあなたも、それを手に入れたらいいんじゃない？その世界の住人になったらいいんじゃない？

わたしはそう魔法使いから言われてから変わったの。

これまで手に入れようと躍起になって頑張っても、それは全く報われなかった。あれこれ試してみてもそれは全く叶わなかった。

それで全てを捨てたらうまくいくようになったの。

だからあなたも、ダメだったらそれを一度捨てて、今までとは逆のことをしてみるのも悪くないと思うの。

そしてこれからは望めば叶うという、5次元の甘い世界に住んで

みてはどうかしら？
5次元と言っても、難しい世界ではなく、何度もお伝えしてきたように『これまでのあなたの常識を捨てればいい』だけなの。

あなたの頭の中で考えていた常識、わたしも過去に信じていた、『頑張れば報われる』というもの。そんな常識を捨てるところからまずは始めてみてはどうかしら？

頑張らないほうがうまくいく♪
頑張らなくても愛される♪

誰でも簡単に幸せを手に入れることができる♪
という感じに……。

5次元の世界は、あま〜くゆる〜く♪　オーダーをすればするほど叶うの。

だから姫にはもってこいの世界。

これまでこの本を読んでいただいたあなたなら、もうその世界に住むことはたやすいと感じているのではないかしら？

あなたのこれまでの常識を
捨てるところから、全ては始まるの。

あなたが頑張りたいのなら頑張るのもありだと思うケド、あなた自身がやりたいことをやりながら、楽しさのなかで願いを叶えられたほうがあなたの脳みそだって嬉しいはずよ。

『〇〇しなければならない！』に縛られている世界から、『〇〇したい！』で溢れている世界に踏み出してみてネ♡

あなただけのワールドはどんな景色かしら？
そこからは何が見える？
そして今のあなたにそれを伝えるとしたら？

あなただけの5次元ワールド、もっともっと体験してみてね☆

♡お姫さまになるための極意♡
5次元ワールドを楽しもう

03 もうこんな歳だから……
の洗脳から、脱出する

いくつになってもお姫さま

何かをしようとする時の言い訳としてよく使われる『もうこんな歳だから』という言葉。

**もうこんな歳だから結婚しないと。
こんな歳だからちゃんとしないと。
こんな歳だから〇〇……。**

それって、いつまで続くのかしら？
小さいころの『もうお姉ちゃんでしょ』それから始まって、

もう小学生だから。
もう高校生だから。
もう二十歳だから。
三十路だから。
四十路だから……。

いつまでたっても続く年齢とのしがらみ……。

あなたに叶えたい夢があるとして、何歳だったらそれを実現できると思うかしら？

わたしは心理学を勉強したくて、娘が保育園の時に通信制の大学に入学して勉強をしたの。当時は娘の保育園の保護者会の役員をしていてとても大変だったけれど、どうしてもやりたかったから。

通信制だけど時々のスクーリングはあるし、毎月提出するレポートは大変だし。子どももいれば家のことも、もちろん仕事もある。

だけどやりたい気持ちが勝ったのね。

大変だったけど楽しく頑張れた。そしてその後は今のお仕事を始めることになるのだけど。

だからね、いくつになっても好きなことをしてもいいし、いくつになっても夢は叶えられるの。

それなのに、年だから……お金がないから……
地方に住んでいるから……子どもがいるから……

そんな言い訳をして諦めてしまうのって もったいないとは思わない？

わたしがこのお仕事を始めた時に、『いい年して、夢みたいなこと言っているの？』『いくつだと思っているの？』ということを言ってくる人もいたの。

だけどそういう人って、

本当は自分も好きなことをしたいと思っているんだって、わかったの。

どうしてそれがわかったのかと言うと、その人が少ししてからわたしに、『わたしも趣味でやっていることがあるけれど、今からそれを始める勇気がないの。でもLUNAちゃんはそうやって思いきれるから羨ましい』と正直な気持ちを言ってくれたからなの。

年齢だけでなくて、自分が今置かれている立場や環境、お金。などなど。

それをするのには、条件が全て揃わないとできないと思ってしまうかもしれないけれど、そんなことは全くなくて、いくつになっ

てもどんな状況にいても夢は叶えられるの。

だからあなたが今、もしも叶えたい夢があるとしたら、もうこんな歳だから……と言って諦めないで欲しいの。

だって、せっかくのあなたの人生なんだもの。歳や環境やお金のせいにしてやらないことは悲しすぎるじゃない。

夢はいくつになっても叶えられるし、いつから始めても、叶うのだから。

♡お姫さまになるための極意♡
いくつになっても夢は叶えられる

04 さあ、ガラスの靴を履く準備はOK？

ここまで、願いを叶えるためのお話をしてきたけれど、あなたは、今すぐにあなたの願いが叶っても大丈夫と言えるかしら？

オーダーはすぐには叶わないもの。

タイムラグがあるのはどうしてかというと、あなたがその間に準備をする時間が必要だからなの。

例えばあなたが、とっても欲しい車があるとするでしょ。

どうしてもあの車に乗りたい！

試乗したりカタログ見たりして、手に入ったときのことを考えてワクワクする。で、それを聞いた誰かがあなたに、『この車をあげます』と差し出してきたらどう？　すぐにいただけるかしら？

でも、実はあなたのお家には車庫がない。
車を止める場所がないのよ。

慌てて月極駐車場を探すけど、そういう時に限ってどこも空いていない……、そんなことになって、その間に車はあなたではない誰かの元に行ってしまう……その時あなたは、『ああ〜！　どうせならもっと早く車を止めるスペースを用意しておくんだったわ』と後悔する。

だけど、もしもあなたが、車が欲しいと思った時点で車庫を用意していたら、すぐに車を手に入れることができたんじゃないかしら？

欲しいと願ったら、そうなりたいと願ったら、それがやってきた時のことを考えて準備をしておく必要があるの。

いつそれが、あなたの元に届いてもいい状態にしておくこと。

それはもちろん、あなたの心も同じ。
オーダーしたらそれを受け入れるマインドでいないとね♪

デートに誘われたいのに、『わたしなんて誘われるわけないわ』とか『彼にはもっとふさわしい人がいるかもしれない』なんてことは決して思わないように♡

シンデレラは王子さまがガラスの靴を持ってきた時に、スッと靴を履いたでしょ♪ あの感じよ!

『わたしはそれを受け取るだけの価値があるのよ♪』

そんな風に凛としていれば、それがあなたのところにやってきた時に、すんなりと受け取れるの。あなたもそろそろ、ガラスの靴を履く準備をしておかないとね♪
いつでもすんなりと受け取れるあなたでいてね♡

♡お姫さまになるための極意♡

いつでも準備万端なわたしでいる

05 『わたしだけの魔法の言葉』を持つ

甘いささやき…

アファメーションという言葉を聞いたことがあるかしら？

『わたしは〇〇です！』という、夢を叶えるためのポジティブな宣言文のこと。このアファメーションを、明けても暮れても大きな声で言ってみたけど変わらなかった。という過去がわたしにはあるの。

それはね、もちろんやり方もだけど、当時は自分が幸せになることを許可できていなかったし、当時の自己評価の低さと言ったら

なかったからなの。そんな人がアファメーションをしたところで全く効果なんて出ないのよ。

あと気づいたのは……。
『わたしは年収〇〇〇〇万円です』とか『わたしはお金持ちです』とか、『わたしは愛される人です』とか、それを1日に何度も宣言したところで全く楽しくもなく、そうなれる感じも全くしなかったの。

本に書いてある通りにアファメーションしても、

『だってそうなってないじゃない！』

そんな気持ちが溢れてきて無理だったの。こんなネガティブな感情を持っていたら、何を宣言してもダメなのよね。

そこでわたしは考えたの。

自分にはもっと自分だけの言葉があるのではないかしら？　と♪

人にはそれぞれ、しっくりくる言葉があると思うのよ。それはその人によって違うと思うの。わたしにはわたしの魔法の言葉があるし、あなたにはあなたの魔法の言葉があるの。

ココで質問だけど、あなたが言われて落ち込む言葉ってあるかしら？

"○○ちゃんはダメね～"とか、"だからできないのよ"とか。
もしくは、可愛くない、どんくさい、などなど。

過去に嫌な思いをした言葉は、今でも脳みそのどこかにこびりついていて、ふとした時に思い出して、嫌な気持ちや悲しい気持ちになるもの。それがあなた自身が落ちてしまう言葉だと思うの。

では逆に、言われてうれしくなる言葉は？

そう言われると、なかなか思い出せないんじゃないかしら？

言われて嫌なことは覚えているのに、うれしいことは結構忘れてしまっているのよね。でも、思い出して！　絶対あるはず。

でね、このうれしい言葉を自分にかけてあげるの。あなた自身が『うわー！』とテンションが上がる位のうれしい言葉。

それがあなただけの魔法の言葉なの♪

誰かが考えた言葉ではなくて、あなただけの魔法の言葉であなたの願いを叶えていきましょう♪

さあ、あなたはどんな言葉を自分にかけてあげる？

♡お姫さまになるための極意♡
あなただけの魔法の言葉を決めてみよう♪

06 ありえないことほど
叶う真実

ここでは、わたしが出版することになった経緯をお話しするわね。

小さい頃から本を書くのが夢の1つだったの。作文とか詩とか文章を書くのが大好きで、お話を作っては、無理やり友だちに読んでもらい、感想をもらったりしていた。

いつか本を書けるようになったらいいな〜♪
自分の本を出せたらいいな〜♪
なんて思っていたの。

それは大人になっても変わらなかった。自分の経験を元に恋愛小説を書きたいとも思っていたのね。

でもそんなことは、グデグデの渦中にいて忘れてしまっていた。

そして、このお仕事を始めた時に、またうっすらとだけど『いつか本を出したい！』という気持ちが蘇ったの。

だけど、わたしにはコネも人脈もないし、そんなのどうしていいのかもわからずに何年もただ過ぎていた。

だけど、いつか誰かが自分のブログを読んでくれて、『本を出しませんか？』と言ってきてくれるはず。その時を夢見ていたの。

そしてそれは現実になり、ある時わたしのブログを読んだ方から、『本を出版しませんか？』というメッセージをもらったの。だけどそれは、わたしが望んでいる形ではなかったの。

『あ〜！　もっと具体的に
オーダーしなくてはダメなんだわ』

それから本を出す時はこういう風に出せたらいいな♪　最高だな♪　ということをオーダーし、それすらも忘れていたの。

そしてある日、それまで自分のやってきたことではなく『本当は本を書きたい！』ということが判明したの。

『わたし、本を書きたい！』

そう自分のなかで明確になった次の日に、本書のご縁をいただいたの。それは自分が描いていた過程としては少し違っていたけれど、でもこうして今、本を書いている自分がいる。

それは今でも夢のようなんだけど、ここまで話して何が言いたいかと言うと……、

『ありえないと思えることほど実は叶う』ということ。

わたしはパワーブロガーでもないし、有名な人でもない。お姫さま思考®とか言ってても、有名な方からすれば、わたしはただの一庶民にすぎない。そんなわたしが本を出すなんて、ありえないと言えばありえないことなの。

だけど、それをオーダーし続けたわたしがいたの。

だって心から叶えたいんだもの。

人は、あまりに大きな夢は手に入らないと思いがちなの。

だけど『それってありえないでしょ』って思うことほど実は叶うの。

前にも書いたように、至福を持ってオーダーすることで、あなたの脳みそがそれを探し求めるの。そして、脳みそがあなた自身もその気にさせてくれる。

わたしは本を出すと決めた時から、その気になってブログを書くことにしたの。まだ、本を出せるかなんて決まってもいなかった時から。そのつもりになって行動すると、いつの間にかそうなるのよ。

だからあなたも、本当は叶えたいことがあるのに、『わたしが〇〇になるなんてありえない！』『そんな夢みたいなことあるわけないじゃない！』なんて打ち消してしまわないで！

『これが叶ったらどんなに最高なんだろう』

そう思いながらわくわくとオーダーを出し続けて欲しいの。あなたが意図し続ければいいだけなのよ。

大切なのは、意図し続けること。
意図（糸）を切らないことでそれは叶うの。

♡お姫さまになるための極意♡
ありえないことほど実は叶う

07 あなたの幸せは すぐそこ♡

あなたの幸せはなんですか？

ここまできてどうしてこんなこと聞くの？　と思うかしら。

幸せの形って人それぞれ。

お金がたくさんあると幸せだと感じる人もいれば、お金がたくさんあっても幸せだと感じない人。結婚が幸せだと思う人もいれば、結婚していても幸せだと感じられない人。

だから、〇〇だから
幸せということはないと思うの。

３次元的には、お金があると幸せで、ないと不幸。彼氏がいると幸せで、ないと幸せではない。みたいに思われることが多いけれど、お姫さま思考®では、あってもなくても幸せ♪というのが基本なの。

それは、なくても無理やり幸せと思え！　ということではなくて、

今なくても未来はそれがあるから幸せ♡
ということなの。

先ほどもお伝えしたように、５次元は未来から現在、過去という時間の流れなので、未来の自分から今の自分を観ていただくのね。そうすると、今の自分がどんなにダメに思えても、未来のわたしは〇〇になっている。だからそのための今なんだわ♪　と思えるの。

今のあなたがどんなに自分をダメだと思っていても、それは今のあなたであって、未来のあなたはもっと違うでしょ♪　ということなのよ。

そうすると、あなたの幸せはすぐそこにあると思えない？

だってあなたはこれから最高に幸せになるんだもの。

そう未来のあなたが言っているわよ。

**あなたはこれから
最上級の幸せを手に入れる。**

ほら、未来のあなたがあなたを待っているわ♡

♡お姫さまになるための極意♡
あなたの幸せはすぐそこにある

6章のまとめ

結局、庶民デレラを卒業するには……
- 思考が人生を作る
- あま〜い5次元ワールドを楽しみながら生きる
- 年齢や環境、お金で夢を諦めない
- いつ叶ってもいいように準備万端でいる
- 自分だけの魔法の言葉を大切に♪
- ありえないことをありえないと思わない
- 幸せはすぐそこにあると安心する

〜思考が人生を作ると思えばどんな思考でいればいいのかわかるはず。どんなに頑張っても思考が変わらなければ人生は変わらない。そして、世の中はもっと甘くて楽しいもの♡　常識に囚われずあなたらしくいることも忘れずに！あなたが願いを叶えるのに必要なのは、あなたでいること以外には何もない〜

おわりに　〜あとがきにかえて〜

　この本を最後までお読みいただき、本当にありがとうございます。

　世の中何があるかわからないもので、最悪な人生を送っていたわたしが今では、『LUNAさんのようにわたしも愛されたい！ 幸せになりたい！』そう言っていただけています。セッションやセミナーで出会った時は悩んでいる最中だったクライアントさまから、『お姫さま思考®を知ってよかったです』『結婚しました』『赤ちゃんが生まれました』『起業しました』など、うれしいご報告をいただくと、この仕事をしていてよかったと心から思います。そしてそれがわたしの幸せの一部です。

　今のわたしがいるのは、運がよかったとか人一倍努力をしたからではありません。わたしは最悪な人生を送っていた時でも、幸せになれると信じていました。大切なのは、自分はできる！ 変われる！ 幸せになれる！ そう信じることです。
　夢を叶えたい！ 幸せになりたい！ 人は誰もそう思います。それは自然のことで、幸せになりたくない人なんていないと思います。だけど、どんな方法を試しても、誰かに言われた通りにしても、自分が自分を信じていなければそれは叶えられないんです。

　だから、この本を読んでくださったあなたはぜひ、あなたとあなたのなかに描かれた夢を信じてあげてください。あなたの夢を叶えられるのはあなただけだから……。

　わたしがこうして本を書き上げることが出来たのは、たくさんの方に支えていただいたからです。まず、この本にも登場する、わたしの母。母のことはブログでも時々書いているのですが、本やブログだけだと、『LUNAさんのお母さんは、なんて厳しくて堅物な人だろう』と思われる方もいらっしゃ

るかもしれません。本当にその通りです＾＾。神経質でしっかり者で、自分にも人にも厳しくて、いつもちゃんとしている。母はわたしのなかでは昔も今もそんなイメージのままです。わたしはその母の元で、たくさんのことを教わり、躾けられて育ちました。どれだけの厳しさだったかはご想像にお任せしますが、年頃の時期はそんな環境に悩んだり、厳しくされることに対して恨んだりもしました。

　だからと言って決して悪いことばかりではなく、母との思い出は楽しいことだってたくさんあります。わたしも親をやって20年ちょっと経ちますが、『あの時の母はこんな気持ちだったんだな〜』と、ここ数年でやっと、当時の母の気持ちを理解することができるようになりました。そして今では、母の教えのなかで娘たちに受け継いでいることもあります。

　わたしの思考が変わった時に、ほんの少しだけど母の思考も変わりました。それはわたしの中の【母】という存在が変わったからだと思います。今は昔のように気を使うこともないし、いい親子関係を築くことができています。そしてその母の厳しい教えのお陰で、現在のわたしがあるのだと思っています。
　両親は、『本を書く』という、大それたことをしでかした娘に何を感じているのかはわかりません。でも様々な経験をさせてもらったからこそ、この本を書くことができたのだと思っています。わたしを一人娘として大切に大切に育ててくれた両親には、やはり感謝の気持ちしかありません。

　本を書きたいと思いつつ、どうしていいのかわからない時にClover出版さんに出会いました。編集者さんに対して屈折していたイメージを抱いていたわたしは、小田編集長に初めてお会いすることが決まってから、お会いするまでの数日間、椅子にふんぞり返りタバコを吹かす柄の悪い人に、『はぁ？　君、本書きたいの？　ムリムリ、出直してきて！』と、邪険に扱われるという夢を何度も見ました（笑）。

当日、数日間の夢が正夢にならないことを願いながら、小田編集長にお会いしました。わたしのような、出版の基本も知らないような人間に対してまで丁寧に接していただいたこと、書く側の気持ちを考えてくださっているということ、『本を作る』ということに対しての情熱や想いが溢れていたことにとても感動しました。おかげでわたしがそれまで描いていた屈折した編集長イメージは、見事覆りました（笑）。

　執筆を始めてからも、ワガママなわたしの要望に温かく対応してくださり、小田編集長がいらっしゃらなければ、わたしはきっと、ここまでやり切ることはできなかったと思っています。

　そしてわたしが、著者として尊敬する春明力（はるあけちから）さん。春明さんに出会ったことで、『伝える』ということの深さを知りました。初めて本を書くことが不安でたまらなかったわたしに、『書くことの本当の意味』を教えてくださいました。弱音を吐くわたしに、いつも温かい言葉をかけていただいて何度も救われました。

　それから、いつもお姫さま扱いしてくれて優しい夫と、しっかり者の可愛い娘たち、愛するクライアントさま、尊敬する師匠や、起業の先輩。スクールの仲間に友だち、空から優しく見守ってくれている今は亡き義父母……。たくさんの方の支えの元、この本を出版できることに今とても感激しています。ありがとうございます。

　そして最後になりましたが、わたしに『本を書く』という素晴らしい機会を与えてくださった、Clover出版の小川会長、営業部長の桜井様、小田編集長に感謝を申し上げて、あとがきとさせていただきます。

　愛するみなさまの至福の人生を心から願っています。

元年 8月吉日　LUNA

LUNA（ルーナ）

お姫さまライフプロデューサー。
優しい夫としっかりものの娘二人の４人家族。

DV、うつ病、借金、詐欺、風俗に売られるなど最悪な人生を10年以上送ったのち、これまでの人生を変えたいと、あらゆる啓発本を読んでは試すことに。それでも一向に変化がなかったある時、「どうせ運が悪いのなら、自分らしく生きよう」と認めた瞬間、ある男性（現在の夫）からお姫さま扱いされ、たちまち愛されるようになる。

その後、脳科学を学び、思考変換の方法を知ってみると、自分が愛されるようになったのは「思考が変わったから」だと気づいたことから、お姫さま思考®というメソッドを考案。

男性に依存したフワフワした女性ではなく、真の「お姫さまの在り方」を東京、名古屋、軽井沢を中心に、セミナーやスクールで伝えている。『２回目のデートでプロポーズされた！』『うつ病を克服して起業できた！』など、人生に驚くべき変化が起きたクライアントからうれしい声が殺到している。

ブログ：https://ameblo.jp/ryu-ka3/

装画・本文イラスト／門川洋子
装丁／panix [Keiichi Nakanishi]
校正協力／大江奈保子
本文design＆DTP／富岡洋子
編集／小田実紀

「お姫様」のつくり方　さらば"庶民デレラ"のわたし

初版1刷発行 ● 2019年8月28日
　2刷発行 ● 2019年10月18日

著者

LUNA
ルーナ

発行者

小田 実紀

発行所

株式会社Clover出版
〒162-0843 東京都新宿区市谷田町3-6 THE GATE ICHIGAYA 10階　Tel.03(6279)1912　Fax.03(6279)1913
http://cloverpub.jp

印刷所

日経印刷株式会社
©LUNA 2019, Printed in Japan
ISBN 978-4-908033-33-9　C0011
乱丁、落丁本は小社までお送りください。送料当社負担にてお取り替えいたします。
本書の内容を無断で複製、転載することを禁じます。

本書の内容に関するお問い合わせは、info@cloverpub.jp宛にメールでお願い申し上げます